Stille
des Herzens

Herausgegeben vom
The Infinity Institute
Acropolis Books, Inc.

Titel der Originalausgabe
„Silence Of The Heart",
erschienen 1997 im Eigenverlag

Übersetzung:
Marianne Savita Nentwig

info@j-kamphausen.de
Lektorat: Hans-Jürgen Zander

Typografie und Satz:
Wilfried Klei
Umschlag-Gestaltung:
Wilfried Klei
Druck & Verarbeitung:
Westermann Druck Zwickau

www.weltinnenraum.de

Teil 2 - 2. Auflage 2004
Die Deutsche Bibliothek – CIP-Einheitsaufnahme

Ein Titelsatz für diese Publikation
ist bei der Deutschen Bibliothek erhältlich

ISBN 3-933496-50-0

Stille des Herzens

Dialoge mit Robert Adams

Teil 2

Aus dem Amerikanischen übersetzt von
Marianne Savita Nentwig

In liebevoller Erinnerung an unseren geliebten Robert,

der die gesamte Lehre in seinem Lächeln übermittelte.

21. Januar 1928 - 2. März 1997

Sie sagen, dass ich sterbe, aber ich gehe nicht fort.
Wo könnte ich hingehen?
Ich bin Hier.

Sri Ramana Maharshi

Roberts Anwesenheit auf dieser Erde war das größte Geschenk des Universums. Er war Stille. Er war Liebe. Er war Sein. Seine Einfachheit und seine Anmut waren seine Lehre. Sein unendliches Verstehen beinhaltete alles, gab ihm wundervollen Humor, Aufrichtigkeit, Mitgefühl. Robert war jedermanns bester Freund. In seiner Gegenwart wurde jeder zum Kind, zu dem Kind, das er in der Kindheit nie sein durfte. Unschuldig, offenherzig, natürlich und einfach. Nichts anderes konnte vor ihm bestehen bleiben. Die Fülle seiner Präsenz ließ keinen Platz für irgendetwas anderes, keinen Verstand, keine Vergangenheit, kein Gebundensein. Befreiung von allem außer Hier und Jetzt. Das war seine Gnade.

In die endlose Leere seiner Augen schauend sagte ich: „Robert, es macht dir nichts aus, oder?" Er antwortete: „Steck einfach ein Fünfcentstück in meine Ohren, um meine Augen offen zu halten." Was für ein gewöhnlicher Mensch und dabei so außergewöhnlich! Die Köstlichkeit seiner Leere! Frei von Beurteilungen und Meinungen liebte er bedingungslos. Ich liebte es, wie er jeden auf die gleiche Weise liebte. Diese Freude seiner bedingungslosen Liebe machte jeden offen. Man konnte sehen, dass jeder Gedanke und jedes Gefühl im eigenen Verstand entstehen und darum so leicht fallengelassen werden können. Wir sind frei. Wir denken nur, wir seien es nicht. „Robert“, fragte ich, „bin ich deswegen nicht frei, weil ich denke, ich bin es nicht?“ Er antwortete und sah mir dabei direkt in die Augen: „Weil du denkst.“

Es gibt nichts zu verstecken, nichts zu sein, nichts zu tun. Keine Regeln oder Vorschriften. Bedingungslose Liebe. Offenbarung und Verstehen, das über Verstehen hinausgeht.

Er erzählte die Geschichte unseres Leidens und zeigte uns den Weg heraus. Es gab nichts, was er nicht verstand. Wenn wir uns an seine Worte, sein Leben, seine Art, sein Gehen, sein Sprechen, seine sanften Hände, seinen Humor, seine Augen erinnern, dann sind wir frei, mit ihm in Freiheit. Denn das war er – Freiheit. Kein Name, keine Form, keine Begrenzung. Kenne dein Selbst und kenne Robert als das, was er ist und bleibt. Kenne dein Selbst und sei frei! Frei ohne Getrenntsein.

Wir erinnern uns an Robert in Freiheit. Die Freiheit, die er war und immer bleiben wird. Die Freiheit, die wir sind. Die Freiheit des ICH BIN. Robert hatte selten Vorlieben, er floss mit dem Strom des Lebens.

...Und wieder lässt er uns mit uns selbst, nach innen schauend.

Ananda Devi

Das Erste, was du dir vergegenwärtigen solltest, ist: Du wirst nie verschwinden oder sterben, weil du nie geboren wurdest. Du hast immer als Bewusstsein existiert und wirst immer als Bewusstsein existieren.

Nachdem du erwacht bist, was passiert mit dir, wenn du stirbst? Wohin gehst du? Wenn du aufwachst, bleibst du einfach, wo du bist. Du gehst nirgendwohin und kommst von nirgendwo zurück. Du bist einfach. Du bist das Selbst, du bist Allgegenwärtigkeit.

Robert Adams

Einige Leute sagen zu mir:

„Robert, warum sprichst du nicht
einfach immer nur die höchste Wahrheit?“
und andere sagen: „Robert, sprich bitte so,
dass ich verstehen kann, wovon du redest.“
Das ist das Dilemma.
Somit tue ich, was immer ich tun muss.
Ich plane nichts.
Alles ist unvorbereitet.
Ich probe nicht.
Ich schreibe nichts nieder.
Ich sage nur, was aus mir herauskommt.

Dieses Buch ist der Lehre von Robert Adams gewidmet. Viel Mühe wurde darauf verwendet, seine Worte genauso wiederzugeben, wie er sie im Satsang (1991-1993) gesprochen hat. Die Tonbandaufnahmen wurden abgeschrieben, gesichtet und dann bestimmten Themen zugeordnet.

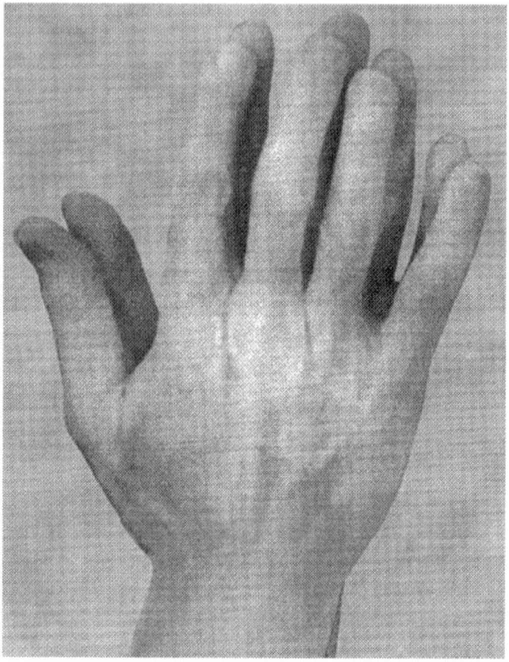

„Er sieht das Unendliche Selbst in allem,
und alles im Unendlichen Selbst, seinem Sein.

\- Robert Adams

Bekenntnis des Jnani

von Robert Adams

Für den Jnani, der sein inneres Wesens als identisch
mit dem endlosen Brahman erkannt hat,
gibt es keine Wiedergeburt, keine Seelenwanderung und keine Befreiung.
Er ist jenseits von all dem.
Er lebt beständig in seiner eigenen absolut wahren Natur.
Der Fortbestand seines Körpers und der Welt
erscheint dem Jnani als Illusion,
die er nicht verhindern,
die ihn aber nicht länger täuschen kann.
Nach dem Tod seines Körpers wie auch im Leben
bleibt er, wo und was er in alle Ewigkeit ist,
das erste Prinzip aller Wesen und aller Dinge:
Formlos, namenlos, unbefleckt, zeitlos, dimensionslos
und absolut frei.
Der Tod kann ihn nicht berühren, Verlangen kann ihn nicht quälen,
Sünden können ihn nicht beflecken;
er ist frei von allem Wünschen und Leiden.
Er sieht das Unendliche Selbst in allem,
und alles im Unendlichen Selbst,
welches sein Wesen ist.

Der Jnani bekennt seine Erfahrung so:

Ich bin unendlich, unvergänglich,
selbstleuchtend, selbstexistierend.
Ich bin ohne Anfang und Ende.
Ich bin nicht geboren, sterbe nicht, bin ohne Veränderung oder Verfall.
Ich durchdringe und durchschaue alle Dinge.
In den unzähligen Universen von Gedanken und Schöpfungen

BIN NUR ICH ALLEIN.

Robert Adams

Robert Adams ist ein amerikanischer selbst-verwirklichter Meister und direkter Schüler von Ramana Maharshi.

Er wurde am 21. Januar 1928 in New York geboren. Seine frühesten Erinnerungen gelten einem ca. sechzig cm großen, weißbärtigen Mann, der am Fußende seines Bettchens stand und in „Kauderwelsch" zu ihm sprach. Dieser kleine Mann blieb bei ihm, bis er sieben Jahre alt war.

Dann entwickelte sich Robert zu einem Siddhi. Wann immer er irgendetwas wollte – Schokolade oder ein Musikinstrument oder Lösungen für Schulaufgaben – wiederholte er den Namen Gottes dreimal, und was immer er wünschte, es erfüllte sich.

Eines Tages im Alter von vierzehn Jahren bereitete er sich auf eine Mathematik-Arbeit vor und wiederholte auch diesmal wieder den Namen Gottes dreimal. Statt der Lösungen widerfuhr ihm ein totales Erleuchtungserlebnis, ein überwältigendes Satori, das ihn völlig veränderte. Die Welt war nicht länger real für ihn. Er sah nur noch sein Selbst, jene unveränderliche, alles durchdringende, alles beherrschende Quelle der Existenz. Alles, der Körper, die Welt, der Verstand waren nur noch Vorstellungen auf der Leinwand des unveränderlichen Selbst, ohne reale Existenz.

Er veränderte sich so sehr, dass seine Mutter glaubte, er werde verrückt. Er hatte kein Interesse mehr am Essen, an der Schule, an Büchern, an seinen Freunden oder an Hobbys. Er fühlte sich allein unter Menschen, mit denen er nichts mehr gemein hatte. Eines Tages entdeckte er das Buch: „Wer bin ich?", von Ramana Maharshi. Als er Ramanas Foto darin sah, standen ihm vor lauter Schock die Haare zu Berge. Ramana war der kleine Mann, der ihn mit seinem „Kauderwelsch" sieben Jahre lang unterhalten hatte! Jetzt war Ramanas Kauderwelsch völlig verständlich für ihn, weil Robert nun sein eigenes Selbst erfahren hatte.

Zwei Jahre nach seiner Erleuchtung verließ er New York, um mit Paramahansa Yogananda zu sein, der ihn sofort zu einem nahen Schüler und Freund machte. Robert wollte gerne Mönch werden in dem neuen „Self-Realization Fellowship"- Kloster in Encinitas. Yogananda machte ihm klar, dass dies nicht sein Dharma sei, sondern dass er zu Ramana Maharshi gehen sollte, der ebenfalls schon in jungen Jahren ein ähnlich spontanes Erleuchtungserlebnis gehabt hatte.

So reiste Robert zum Ramana Ashram nach Tiruvannamalai in Indien, wo er die letzten drei Jahre von Ramanas Leben verbrachte. Robert sagte: „Ramana hat mir die Augen für die Bedeutung meiner Erfahrung geöffnet."

Nach Ramanas Mahasamadhi besuchte Robert gemäß einer alten Tradition von Sadhus und buddhistischen Mönchen während der nächsten siebzehn Jahre viele bedeutende Lehrer, um seine Erleuchtung zu überprüfen und sicherzugehen, dass sein Verstehen vollkommen war.

Wohin auch immer Robert reiste und für einige Monate blieb, wurde er entdeckt, und eine Gruppe von Schülern sammelte sich um ihn. Er hat sich immer dagegen gewehrt, auf diese Weise an einen Ashram oder eine Kommune gebunden zu sein. Er zog es vor alleine zu bleiben, in Stille.

Glücklicherweise hatte er vor einigen Jahren eine Vision, in der viele bedeutende Lehrer im Inneren eines Berges ähnlich dem Arunachala, an dem sich Ramanas Ashram befindet, zusammentrafen und miteinander verschmolzen. Er zog daraus den Schluss, dass es an der Zeit sei, sich niederzulassen und eine kleine Gruppe aufrichtiger Schüler anzunehmen, an die er sein Wissen weitergeben konnte.

Für viele war es ein Glück, dass Robert Sedona als sein Zuhause gewählt hatte. Einen wahren Meister so nahe zu erfahren ist allerdings ein großes Glück für alle, die wahrhaftig die größtmögliche Glückseligkeit und die grundlegende Quelle aller Dinge suchen.

Satsang mit Robert Adams ist eine ganz besondere Gelegenheit, in Stille zu sitzen, den Namen Gottes zu singen und die Gnade und Präsenz eines großen Weisen erleben zu können.

Wie Robert oft gesagt hat, sind die drei schnellsten Wege zum Erlangen der Erleuchtung: Am Satsang teilzunehmen, in der Nähe eines großen Weisen zu sein und Selbst-Befragung zu praktizieren.

Wenn du ein ernsthafter Sucher bist und eine starke Herzensverbindung mit Robert hast, wird dein Leben nie mehr dasselbe sein. Türen werden sich öffnen. Wunder werden geschehen.

Selbst-Verwirklichung

Nichts in diesem Universum
wird dir sagen können, was du bist.
Es ist jenseits von Worten und Gedanken.
Mit deinem begrenzten Verstand
wirst du nie verstehen, wer du bist.
Also versuche es gar nicht erst.
Es funktioniert umgekehrt.
Wenn du wirklich aufhörst, darüber nachzudenken
oder wissen zu wollen, wer du bist,
wenn du aufhörst zu analysieren
und mit dem Versuch aufhörst, es herauszufinden,
dann wird sich die Wahrheit über dich offenbaren.

Sie ist jenseits aller Gedanken und Gefühle, die du je hattest.
Sie hat absolut nichts mit dir zu tun, so wie du jetzt bist.
Sie ist die Grundlage der gesamten Existenz.
Du kannst sie Gott nennen, wenn du magst.
Denke nicht an dich selbst als eine anthropomorphe Gottheit
getrennt von Gott.

Weil Gott ist, bist du.
Daher bist du, was Gott ist.
Es gibt keine Trennung.
Wache auf zu dieser Wahrheit.

ES GIBT KEINE FEHLER

Die meisten sitzen heute zu Hause und beobachten die Präsidentschafts-Debatten. Es sollte Jnani-Debatten geben, wo alle Jnanis der Welt auftauchen. Wer auch immer auftaucht, der verliert natürlich (Gelächter).

Wenn die Menschen nur das erste Prinzip der Selbst-Verwirklichung begreifen würden, welches heißt: Was immer bestimmt ist zu geschehen, wird geschehen, egal wie sehr du versuchst es aufzuhalten. Und was immer nicht geschehen soll, wird nicht geschehen, egal wie sehr du versuchst es geschehen zu lassen. Wäre es nicht wunderbar, wenn die Politiker diese Wahrheit verstehen würden? Man müsste sich über nichts sorgen, vor nichts Angst haben, es gäbe nichts zu erobern, nichts zu gewinnen, nichts zu verlieren. Alles entfaltet sich wie es soll. Alles ist am rechten Platz. Es gibt keine Fehler. Alles ist wunderbar und schön so wie es ist.

Das kannst du nur anhand deines eigenen Lebens begreifen. Was immer du in dieser Inkarnation erleben und erfahren sollst, war bereits geplant, bevor du geboren wurdest. Und doch hast du absolut nichts damit zu tun, denn du bist nicht der Körper. Solange du glaubst ein Körper zu sein, denkst du, du seist jemand, jemand wichtiges. Oder du denkst, du seist ein Versager, was auch immer. Wenn du dich nur nach innen wenden und das eine Selbst sehen würdest, dann würdest du dich nie wieder darum sorgen, was mit dir geschieht. Denn du würdest erkennen, dass es kein Ich gibt, dem irgendetwas geschehen kann. Du bist in diesem Moment totale Freiheit, absolutes Gewahrsein. Aber du glaubst mir nicht. Du denkst, du bist der Körper, du bist der Handelnde. Denke an deine Erfahrungen heute und schau, ob du nicht glaubst, der Handelnde zu sein. Wie oft bist du heute ärgerlich geworden? Wie oft hast du dich heute klein und unbedeutend gefühlt? Wie oft hast du heute Angst gehabt oder geglaubt, dass irgendetwas nicht stimmt oder du nicht am richtigen Platz bist? Das zeigt dir, dass du glaubst, der Körper zu sein. Warum lässt du nicht einfach los und hörst auf, dir um deinen Körper Sorgen zu machen? Die Kraft, die den Weg kennt, wird sich um dich kümmern, so wie sie die Sonne scheinen, das Gras wachsen und die Äpfel am Baum wachsen lässt. Die Lebensmittel, die uns ernähren, alles wird uns liebevoll zur Verfügung gestellt. Habe Vertrauen.

Vertraue der Kraft, die den Weg kennt. Das ist der erste Schritt – totaler Glaube und totales Vertrauen in das Unendliche, das Eine. Du kannst es Gott nennen, wenn du magst. Es ist egal, wie du es nennst. Es ist in dir und außerhalb von dir. Es ist überall. Wende dich nach innen. Dort sind alle Antworten. Außen ist ein Traum, innen ist das Selbst. In Wirklichkeit gibt es kein Innen und kein Außen. Das dient nur zur Erklärung. Du musst dich nach innen wenden, weil du glaubst, du lebst außen. Wenn du dich wirklich nach innen wendest, wird schließlich das Innen und das Außen verschwinden. Alles wird verschwinden, wenn du nach innen gehst. Doch wenn du erwachst, wird alles so erscheinen wie jetzt, du bist nur nicht mehr Teil davon. Du wirst Dinge sehen wie jetzt auch, aber du wirst nicht länger davon zum Narren gehalten. Die Welt kann dich nicht mehr zum Narren halten, indem sie dir erzählt, dies ist gut, das ist schlecht, dies ist richtig und das ist falsch. Das hast du dann alles hinter dir.

Du richtest den Verstand auf sich selber. Wenn das geschieht, verschwindet er, denn er hat nie existiert. Aber solange der Verstand nach außen orientiert ist, bist du lebendig und mitten in der Welt. Und du machst alle möglichen Erfahrungen.

In der Schule haben sie uns beigebracht, extrovertiert zu sein, eine nach außen gerichtete Persönlichkeit zu werden. Und was hat es uns gebracht? Es hat uns alle zu Idioten gemacht. Schaut euch die Welt an, in der wir leben. Seht, was vor sich geht. Schaut unsere Repräsentanten an, die Regierungsbeamten, die Staatsbeamten. Das sind alles extrovertierte Leute. Uns wurde gesagt, introvertiert zu sein bedeutet, ein Einzelgänger zu sein und es zu nichts zu bringen. Zu was willst du es bringen? Wenn diese Leute nur erkennen würden, dass die Welt, in der sie spielen, nach dem Gesetz des Karma funktioniert. Mit anderen Worten: Jeder ist am richtigen Platz, wo immer er sein muss. Es gibt keine Fehler.

Also, diese Leute glauben nicht, dass sie nicht der Körper sind und dass die Welt nicht existiert. Sie glauben, es gäbe Körper und die Welt und das Universum. Sie sollten die Tatsache akzeptieren, dass Karma das Universum regiert und alle Erscheinungen karmisch sind. Darum sage ich immer, es gibt keine Fehler. Denn du bist genau da, wo du in Übereinstimmung mit dem Karma zu sein hast. Aber glaube nicht, du könntest dein Karma loswerden, denn dann hast du einen Kampf zu bestehen. Du musst darüber hinauswachsen und erkennen, dass Karma nie existiert hat und nicht wirklich existiert. Also wach einfach auf. Wache auf.

Warum nicht zu dieser Wahrheit aufwachen? Warum nicht zu der Tatsache aufwachen, dass du nichts werden musst? Es gibt keine Ziele zu erreichen. Du musst daran glauben, dass alles für dich vorherbestimmt und vorgezeichnet ist. Oder du glaubst, dass du ein Opfer der Umstände bist und durch Erfahrungen gehst, um Lektionen zu lernen. Es belustigt mich immer außerordentlich, wenn Leute mir erzählen, dass etwas in ihrem Leben geschieht und sie glauben, das sei die Lektion, die sie gerade lernen müssen. Oder dass es ihr Karma ist. Vergiss Karma. Vergiss alle Lektionen, die du glaubst lernen zu müssen. Niemand muss irgendwelche Lektionen lernen. Niemand muss durch karmische Erfahrungen gehen. Mach all dem ein Ende. Lasse es los.

Letzten Endes, für wen gibt es Karma? Für wen gibt es Erfahrungen? Nur für den Ich-Gedanken, für den Verstand, nicht für dich. Du bist strahlend und leuchtend. Du bist Absolute Realität, Brahman. Aber selbst diese Worte sind überflüssig, unnötig. Was bedeuten diese Worte – Absolute Realität, Brahman tatsächlich für dich? Sie sind nur Namen für die Absolute Realität, für das Selbst. Alles muss gehen. Die Absolute Realität muss gehen, das Selbst muss gehen. Es muss gehen, weil du mit deinem begrenzten Verstand daran denkst. Jede Antwort, die von dort kommt, ist falsch. Erinnere dich immer daran: Der begrenzte Verstand kann das Unendliche nie begreifen. Es ist unmöglich. Und daran kannst du absolut nichts ändern. Deshalb wird der weise Mensch ruhig, still.

Die meisten haben ein bestimmtes Verstandesmuster, und das zu verändern ist sehr schwierig. Das ist das Einzige, was uns hindert, die Realität zu sehen. Solange dein Verstand festgelegt ist, befindet er sich in Übereinstimmung mit dem Universum und der Welt, und du siehst Dinge so wie sie erscheinen, aber nicht wie sie sind. Du schaust aus dem Fenster und siehst einen schönen Baum, den schönen Himmel, den Wald, einen See. Hört sich gut an. Du schaust in eine andere Richtung und siehst Tumulte, Unmenschlichkeiten, Zerstörung, Erdbeben. Wie bringst du das zusammen? Schau dir dein eigenes Leben an. Du durchlebst gute und schlechte Zeiten und daher weißt du genau, was du erfahren möchtest. Du willst die guten Zeiten, nicht die schlechten. Doch dabei übersiehst du, wo es gute Zeiten gibt, gibt es auch schlechte Zeiten. Und wo es schlechte Zeiten gibt, gibt es auch gute Zeiten. Du kannst nicht nur eines davon haben, niemals.

Um euch ein Beispiel zu geben, hier die Geschichte von den beiden Fröschen. Es waren einmal zwei Frösche. Die sprangen unbeabsichtigt in einen Milchbottich. Einer war ein dünner, der andere ein fetter Frosch. Und sie kamen nicht mehr heraus. Sie paddelten umher, die Wände waren glitschig, und der fette Frosch sagte zum dünnen Frosch: „Bruder Frosch, es hat keinen Sinn mehr, weiter herum zu strampeln. Wir werden sowieso untergehen, also kann ich auch gleich aufgeben." Der dünne Frosch sagte: „Mach weiter, Bruder Frosch, paddele weiter. Jemand wird uns hier herausholen." Und sie paddelten stundenlang. Und wieder sagte der fette Frosch: „Bruder Frosch, ich werde total müde. Ich gebe einfach auf und ertrinke. Niemand wird uns hier jemals befreien. Es ist Sonntag, keiner arbeitet. Wir sind verloren. Es gibt keine Möglichkeit, hier je herauszukommen.“ Doch der dünne Frosch sagte: „Paddele weiter. Paddele weiter. Irgendetwas wird passieren, paddele einfach weiter.“ Weitere Stunden vergingen, und der fette Frosch sagte: „Ich kann nicht mehr weiter. Es macht auch keinen Sinn mehr, weil wir sowieso ertrinken werden. Was soll das alles?“ Und er ließ los, er gab auf. Er ertrank in der Milch. Aber der dünne Frosch paddelte weiter. Zehn Minuten später spürte er etwas Festes unter seinen Füßen. Er hatte die Milch zu Butter verarbeitet und konnte aus dem Bottich springen.

So ist es auch mit uns. Wir gehen durch so viele Erfahrungen im Leben. Wir denken, es gäbe keinen Ausweg. Wir glauben, wir seien menschlich und im Maya gefangen. Wir müssten durch bestimmte Erfahrungen gehen und leiden und glücklich sein und alle möglichen Dinge tun. Aber ich möchte die Wahrheit mit euch teilen, dass es kein Maya gibt, kein Universum. Nichts ist so wie es erscheint. Es ist nur dein Verstand, der all diese Umstände erschafft, und dein Verstand existiert nicht einmal.

Du glaubst mir nicht. Du willst, dass ich über Karma und Reinkarnation spreche. Du willst in alle möglichen Aspekte des Universums eintauchen. Du willst vielsagende Vorträge darüber hören, wie wir gerettet werden. Aber es gibt niemanden zu retten. Denn niemand hat je existiert. Und doch fühlst du dich menschlich, nicht wahr? Du gehst durch Erfahrungen, nicht wahr? Wenn du nur lernen würdest, still zu bleiben, ruhig zu sein, nicht mehr auf das Universum, auf die Welt, auf Situationen, auf das Leben zu reagieren. Wir geben allem einen Namen, das ist das Problem. Wir sagen, das ist Krebs, das ist Armut, das ist ein Erdbeben, das sind eine Million Dollar, das ist ein neues Haus, das ist ein neues Auto, das ist Krieg, das ist ein Hund, das ist eine Katze. Wir haben für alles Namen. Was wäre, wenn wir all diese Namen vergessen würden? Und wenn wir aufhören würden, Dinge als etwas zu sehen? Was wäre, wenn wir Dinge einfach beobachten und wahrnehmen würden, ohne ihnen einen

Namen zu geben, ohne zu einem Ergebnis zu kommen? Was meinst du, würde passieren? Du würdest alles transzendieren.

Erinnere dich noch einmal: Weshalb wünschst du dir, aufzuwachen? Weil du die Welt leid bist, so wie sie ist, mit all den Veränderungen. Alles geschieht hier. Es entfaltet sich. Es gibt Glückseligkeit, es gibt Traurigkeit, es gibt gut und schlecht. Wenn du aufwachst, wirst du diese Dinge nie wieder erleben! Du wirst immer in totaler Glückseligkeit sein. Und du wirst still bleiben, du wirst ruhig sein. Es wird nichts mehr zu erklären, nichts zu diskutieren, nichts zu beweisen geben. Du bist zu dem unveränderlichen Selbst geworden, das du schon immer warst. Der Verstand wird diese Dinge nie wissen. Der Verstand kennt sich selber nur als Körper, als Handelnder. Deshalb musst du über den Verstand hinausgehen, über die Gedanken hinausgehen, über die Welt hinausgehen, über das Universum hinausgehen und in die Stille eintreten, wo es nur noch totale Glückseligkeit, Frieden und Harmonie gibt.

Das ist dein Leben. Du hast immer die Freiheit zu wählen. Du hast immer die Wahl, immer. Deine Wahl hängt immer von dem ab, was du weißt, jetzt.

Tatsächlich ist die einzige Wahl, die du wirklich hast, nicht mehr auf Umstände zu reagieren, nach innen zu gehen und die Wahrheit zu sehen. Alles andere ist vorbestimmt. Was immer in deinem Leben auftaucht, ist vorbestimmt. Es ist deine Reaktion auf die Erlebnisse des Lebens. Sie bestimmt, was für dich als nächstes geschieht, die Art, wie du darauf antwortest, die Art, wie du darauf reagierst.

JETZT IN DIESEM MOMENT BIST DU TOTAL FREI

Sei nicht im Konflikt mit deinen Gedanken und dem Selbst. Ohne Konflikte gibt es keine Gedanken. Gedanken erscheinen nur, weil es Konflikt gibt. Mit Konflikt meine ich, du sorgst dich darüber, wie du deine Gedanken loswerden kannst. Du praktizierst Sadhana, Meditation, Pranayamas, Japa. All dies schafft Konflikte. Denn sagst du damit nicht, ich tue das, um frei zu werden? Ich mache diese Dinge, um frei zu werden? Darin liegt der Konflikt, denn du bist schon frei und befreit. Wenn du dir also die Information gibst, dass du etwas tun musst, um befreit zu werden, dann entsteht sofort ein Konflikt. Das ist dein einziges Problem. Das ist dein Konflikt. Und er kommt aus deiner Programmierung als Kind, von Samskaras aus vorherigen Existenzen. Dinge, die du mitgebracht hast, Gewohnheiten, die du in dir trägst und von denen du glaubst, das seist du. Daher kommt der Konflikt. Dann sagst du dir, ich bin ein menschliches Wesen. Ich bin nur ein zerbrechlicher Körper. Ich muss manchmal leiden. Manchmal muss ich glücklich sein. Das sind alles Lügen. Es gab nie ein Ich, das leiden muss. Es gab nie ein Ich, das glücklich sein muss. Da ist niemand in dir, der glücklich oder unglücklich zu sein braucht. Das ist alles Betrug.

Jedesmal wenn du versuchst, negative Konditionierung mit positiver auszutauschen, verursachst du Konflikte. Aus diesem Grund helfen Psychologie und Psychiatrie auch nicht. Denn sie versuchen, dich normal zu machen. Wer will schon normal sein? Wie langweilig! Die Wahrheit ist, wünsche dir nicht, irgendetwas zu sein. Wünsche dir nicht, irgendetwas zu werden. Es gibt keine Zukunft, in der du irgendetwas werden könntest. Genau in diesem Moment bist du das Eine. Und es gab nie etwas anderes. Genau in diesem Moment bist du total frei, ohne einen Gedanken zu denken, ohne zu versuchen, irgendetwas zu erreichen.

Versuche nicht einmal, deine Gedanken zu verändern oder sie zu stoppen. Denn wie kannst du etwas stoppen oder verändern, das nie existiert hat? Kannst du deinen Konflikt jetzt sehen? Du versuchst, etwas zu korrigieren. Du versuchst, etwas zu tun. Doch dieses Etwas existiert nicht. Und das, was du zu korrigieren versuchst, existiert ebenfalls nicht. Was du zu ändern versuchst, existiert nicht. Du kommst nicht weiter. Darum sage ich dir so oft, lasse alles sein. Sei nicht dafür oder dagegen. Beurteile nicht. Sei Nichts und du bist Alles.

Warum kommen die meisten von euch zum Satsang? Solange ihr einen Grund dafür habt, ist es der falsche Grund. Es sollte keinen Grund geben. Es sollte keinen triftigen Grund geben, warum ihr zum Satsang kommt. Denn wenn ihr euch an das erinnert, worauf ich hinweise, dann werdet ihr sehen, dass jeder Grund falsch ist. Denn der Grund, weshalb ihr zum Satsang kommt, existiert überhaupt nicht. Ihr sagt, ihr kommt zum Satsang, um erleuchtet zu werden, die Wahrheit zu erfahren. Wer muss die Wahrheit erfahren? Wer muss erleuchtet werden?

Ihr kommt, um mit mir zu sitzen. Ihr könnt immer mit mir sitzen, wo auch immer ihr seid. Damit will ich sagen, sucht nicht nach Gründen, aus denen ihr etwas tut. Wenn ihr aufhört mit dem Begründen, dem Ehrgeiz, wenn ihr anfangt, all eure so genannte Macht hinzugeben, eure menschliche Macht, die ihr zu besitzen meint, dann beginnt der Verstand langsamer zu werden. Der Verstand wird nie langsamer werden, wenn ihr versucht, ihn langsam zu machen. Es ist egal, welche Methode ihr benutzt, ob ihr Vipassana Meditation macht oder Atmen, was auch immer. Welche Methode auch immer ihr benutzt, ihr benutzt den Verstand. Es ist der Verstand, den ihr immer noch benutzt. Darum gelangt ihr damit nie irgendwohin. Ihr müsst den Verstand benutzen, was immer ihr tut.

Hört deshalb auf, irgendetwas zu tun. Ich weiß, viele von euch praktizieren seit fünfundzwanzig oder vierzig Jahren Sadhana, machen verschiedene Meditationen, gehen zu Lehrern, lesen viele Bücher. Und was wird aus euch? Ihr habt ein gutes Gefühl, dann geht es wieder weg und ihr seid wieder da, wo ihr angefangen hattet. Das Einzige, was ihr tun müsst oder sollt ist, mit nichts im Konflikt zu sein. Seid nicht im Konflikt mit irgendetwas oder irgendwem. Dann fängt der Verstand an, sich hinzugeben und geht zurück ins Herz, und ihr werdet euer Selbst. Das ist das Einfachste, was ihr je zu tun hattet, es ist pure Einfachheit. Es ist pure Einfachheit, weil ihr nichts zu tun braucht. Ihr müsst nichts werden. Ihr müsst niemanden ändern. DU BIST DAS.

Analysiere nicht, was ich sage. Stimme dem nicht einmal zu. Sei einfach offen. Öffne dein Herz, indem du still bist, schweigsam. Erlaube den Gedanken zu kommen, versuche nicht sie anzuhalten. Beurteile deine Gedanken nicht, analysiere die Gedanken nicht, versuche nicht, sie zu verändern oder wegzumachen. Das wird dich wieder in Konflikt mit den Gedanken bringen. Beobachte deine Gedanken nicht einmal. Sei nicht einmal der Zeuge deiner Gedanken. Warum? Weil es in Wirklichkeit keine Gedanken gibt. Die Gedanken, die du zu denken denkst, sind eine Täuschung. Sie sind eine falsche Vorstellung. Siehst du nicht, dass alles, worüber du nachdenkst, unwahr ist? Es gibt keinen Denker und keine Gedanken. Warum hast du dich also dein ganzes Leben lang all diesen Übungen unterzogen? Es ist wie mit dem Menschen im Ozean, der sich auf die Suche nach Wasser macht.

Wache auf, sei frei, sei du selbst. Du bist die Freude der Welt, das Licht, das in der Dunkelheit scheint. Du bist ein Segen für das Universum. Liebe dich selbst. Wenn du dich selbst liebst, liebst du Gott. Vergiss die Vergangenheit. Halte dich nie in der Vergangenheit auf. Denke daran, Zeit und Raum existieren nicht. Wenn Zeit und Raum nicht existieren, dann kann es weder Vergangenheit noch Zukunft geben. Denn bei Vergangenheit und Zukunft geht es um Zeit und Raum. Und wenn es Zeit und Raum nicht gibt, dann kann es unmöglich Vergangenheit und Zukunft geben. Wer denkt also an die Vergangenheit? Wer denkt an die Zukunft? Sogar zu sagen, das Ich tut es, der Ich-Gedanke, ist nur etwas für Anfänger. Selbst-Befragung ist sehr wichtig, verstehe mich nicht falsch. Aber der Tag muss kommen, an dem du über die Selbst-Befragung hinausgehst. An dem du realisierst und verstehst, dass es überhaupt keinen Ich-Gedanken gibt. Er hat nie existiert. Daher musst du ihn auch nicht loswerden. Du musst nichts loswerden, weil nichts existiert. Du bist totale Freiheit, genau in diesem Augenblick, genau in dieser Minute.

Lasse alles sein

Werde nicht ärgerlich mit dir selber, wann immer deine Gedanken in der Vergangenheit verweilen. Lasse sie sein. Betrachte sie nicht. Beobachte sie nicht. Sei nicht ihr Zeuge. Lasse sie einfach sein. Sie werden aus eigenem Antrieb verschwinden, weil sie nie existiert haben. Das ist ein wichtiger Punkt. Das ist der Grund, alles sein zu lassen. Denn wenn Dinge existieren würden, wenn es so etwas wie negatives Denken oder Karma gäbe, dann hättest du etwas zu tun. Du müsstest alles mögliche tun, um dein Karma, deine vergangen Sünden zu beseitigen. Du würdest ununterbrochen arbeiten, alle Arten von Japa, Mantren, alles mögliche üben, um all die Gedanken der Vergangenheit zu beseitigen. Aber ich sage dir, da diese Dinge nicht einmal existieren, warum überhaupt etwas tun? Oh, es ist okay, wenn du gerne arbeitest, aber ich selbst bin sehr faul, und je weniger Arbeit ich zu tun habe, umso besser. Ich weiß, für einige von euch ist es sehr schwierig zu denken, dass ihr absolut nichts tun müsst, um frei zu sein, weil ihr bereits frei seid. Denn dir ist beigebracht worden, dass du arbeiten, arbeiten, arbeiten musst, um weiterzukommen. Warum willst du vorankommen? Voran zu was? Zu wem? Alles muss sich früher oder später ändern. Alles muss sich auflösen und zurückkehren zu den Elementen, aus denen es kam. Und neue Formen werden immer wieder geboren. Also welche Art von Ziel versuchst du zu erreichen? Deine Ziele werden verschwinden, so wie alles andere früher oder später verschwindet.

Schau, wie viele Zivilisationen es auf diesem Planeten gab. Viele Zivilisationen, die alle vergangen sind. Wo sind sie heute? Nicht mehr da. Aufgelöst in dem Nichts, aus dem sie kamen.

Es ist also Torheit, wenn du versuchst, dich zu verbessern oder etwas zu erreichen. Es ist Torheit, wenn du versuchst, etwas zu verändern oder etwas zu werden. Sei einfach. Du magst fragen, wie kann ich einfach Sein? Indem du fragst, bist du nicht. Einfach Sein ist einfach Sein. Nicht dies sein oder jenes sein.

Oder zu versuchen herauszufinden, wie man einfach ist. Sei einfach, ohne den Versuch, zu verstehen, was das bedeutet. Ohne zu analysieren. Ohne nachzudenken.

SEI EINFACH. SEI EINFACH. SEI EINFACH. SEI EINFACH.

WER WIRD ERLEUCHTET?

Warte nicht auf Ergebnisse. Weil es deine wahre Natur ist, kommen die Ergebnisse früher oder später von selbst. Aber das geschieht ohne deine Hilfe. Du kannst Gott nicht helfen. Gott braucht deine Hilfe nicht. Sei einfach du selbst. Es ist schwierig, total ehrlich mit sich selbst zu sein, aber das ist genau das, was du tun musst. Denke nicht daran, ein Jnani zu sein oder erleuchtet oder selbst-verwirklicht. Ich erhalte massenhaft solche Anrufe. Leute rufen mich aus aller Welt an und sagen mir, sie seien selbst-verwirklicht. Also sage ich nur: „Gut, was soll ich jetzt tun?" Sie wollen die Bestätigung. Ich habe schon darüber nachgedacht, Zertifikate zu drucken (Gelächter) und zu verschicken. Hiermit bestätige ich, dass du jetzt selbst-verwirklicht bist. Herzlichen Glückwunsch!

Es ist interessant, dass viele Leute in der ganzen Welt beginnen, sich zu Advaita Vedanta, dem Prinzip der Nicht-Dualität hingezogen zu fühlen. Mehr denn je in den letzten zwei Jahren oder so. Viele, die nie davon geträumt hätten, etwas mit Advaita Vedanta zu tun zu haben, sind jetzt damit beschäftigt. Nun ist das Amüsante und Interessante daran, dass gut achtzig Prozent dieser Leute Lehrer werden. Neue Lehrer des Advaita Vedanta tauchen plötzlich überall in der Welt auf.

Ich habe diese Woche viele Anrufe bekommen, und ihr werdet sehen, warum ich lächle, wenn ich euch das erkläre. Gerade diese Woche erhielt ich einen Anruf von jemandem aus Texas, mit dem ich korrespondiere. Und er sagte mir: „Robert, ich habe deine Niederschrift einen Monat lang regelmäßig gelesen, wie du es empfohlen hast, und jetzt bin ich erleuchtet" (Gelächter). Ich erwiderte: „Das ist wunderbar. Wie kommst du darauf?" Er sagte: „Ich habe aufgehört, mit meiner Frau zu streiten, ich fühle mich friedlicher, und ich mache mir einen Dreck aus der Welt. Aber ich habe eine Frage. Was mache ich jetzt?" (Gelächter). Was soll ich sagen? Viele Leute laufen herum und behaupten, sie seien erleuchtet, mehr als je zuvor. Mir ist das egal, aber es ist amüsant, es ist interessant.

Zunächst einmal: Was bedeutet das Wort Erleuchtung? Ich spreche nicht über eine Wörterbuch-Definiton. Was bedeutet Erleuchtung auf dem Jnana-Weg? Die Antwort ist: Es gibt kein solches Wort. Niemand wird erleuchtet. Es gibt keinen Körper, kein Ich, kein Mich, es gibt nichts, das je erleuchtet werden könnte. Das Wort Erleuchtung wird von dem Ajnani benutzt, von Schülern. Absolute Realität, Wahlfreies Gewahrsein, Sat-Chit-Ananda, Parabrahman, das alles sind Worte, die nicht existieren – außer für den Schüler, um zu erklären, dass es eine Ebene außerhalb der so genannten Norm gibt. Eine Ebene totaler Transzendenz, der wir einen Namen geben: Erleuchtung.

Wenn das tatsächlich in einer Person geschieht, dann ist das Ich total zerstört, total vernichtet. Das Ich existiert nicht mehr, und für dieses Wesen gibt es absolut niemanden, der erleuchtet wurde. Dieses Wesen ruht in seiner wahren Natur, im Nichts, im absoluten Nichts.

Niemand kann erleuchtet werden. Niemand kann befreit werden, denn das Ich, welches denkt, es könne befreit werden, existiert nicht einmal. Es gibt kein Du. Es gibt keine Person. Es gibt kein menschliches Wesen, das an einem Tag ein menschliches Wesen ist und am nächsten Tag befreit wird. Es gibt nur das befreite Selbst, und du bist Das.

Es gibt dich nicht so, wie du erscheinst. Die Erscheinung, die du für dich hältst, ist falsch. Darum sage ich: Alle deine Probleme, all der Unsinn, mit dem du lebst, all deine Ängste, all deine Sorgen, all deine Emotionen, sie existieren nicht. Sie haben nie existiert und sie werden nie existieren. Es ist alles ein

Spiel des Maya, des Leela. Es existiert nicht. Niemand in diesem Zimmer existiert. Es gibt mich nicht und es gibt dich nicht. Es gibt nur das „Selbst". Und wenn das Selbst zum „Selbst" wird, ist es nicht mehr das Selbst. Denn es gab nie ein wirkliches Selbst. Darum betone ich immer: Höre auf zu denken. Deine Gedanken ziehen dich tiefer ins Maya, in die Illusion. Denke nicht an Erleuchtung oder Erwachen oder daran, befreit zu werden oder einen Lehrer zu finden, der dir helfen kann. Du bist jenseits von Hilfe. Niemand kann irgendetwas für dich tun.

Was tatsächlich geschieht, ist dies: Du beginnst zu realisieren, du bist nicht der Körper, du bist nicht der Verstand, du bist nicht die Welt, du bist nicht einmal befreit. Du bist gar nichts. Sobald du anfängst so zu denken, wird alles, was in deiner Entwicklung geschehen soll, geschehen, ohne dass du etwas tust. Wenn du mit einem Lehrer sein sollst, wirst du mit einem Lehrer sein. Wenn du alleine sein sollst, wirst du alleine sein. Doch du hast absolut nichts mit diesen Dingen zu tun. Verbleibe im gedankenlosen Raum. Lasse die Welt in Ruhe. Lasse die Leute in Ruhe. Komme zu keinem Ergebnis. Beurteile niemanden. Alles wird sich von selbst regeln.

Das Schlimmste was du je tun kannst ist, nach der Erleuchtung zu suchen, nach der Befreiung. Das hält dich zurück. Es hält dich zurück, weil es da ein Selbst gibt, das sucht. Es gibt ein Ich, welches sucht. Es gibt ein Ich, welches versucht etwas zu werden, und dabei ist die ganze Idee, dieses Etwas aus deinem Bewusstsein zu entfernen. Der Prozess der Verwirklichung hat mit Entfernen zu tun, nicht mit Hinzufügen. Dieses und jenes entfernen. Alle Konzepte und vorgefassten Meinungen entfernen. All deine Gedanken entfernen, egal welcher Art sie sind. Gute Gedanken, schlechte Gedanken, sie müssen alle gehen. Und was zurückbleibt, wird nichts sein, Nichts. Du bist das. Du bist dieses Nichts.

Fühlt es sich nicht gut an, nichts zu sein, anstatt zu glauben, du seist die Gedanken, du seist menschlich, du müssest einen Job erfüllen und du hättest eine Mission? Es gibt viele spirituelle Leute, die glauben, sie hätten eine Mission. Sie sind hier, um die Welt zu retten. Sie können nicht mal sich selbst retten, aber die Welt wollen sie retten. Die Welt wird weiter ihren Gang gehen, auch ohne deine Hilfe. Lasse die Welt allein.

Da ist eine Kraft und da ist eine Präsenz, die ich „Der Fluss, der den Weg kennt" nennen möchte. Die kümmert sich um alles. Alles ist Teil der großen Illusion. Und sogar in dieser Illusion, die vor deinen Augen erscheint, gibt es eine Präsenz und eine Kraft, die dich erhebt. Sie wird dich so hoch erheben wie du es erlaubst. Bis sie dich völlig aus deinem Körper erhebt, aus deinen Gedanken, aus dem Universum, in eine vollkommen neue Dimension.

Für andere Leute wirst du als die gleiche Person erscheinen wie vorher, aber du wirst diese Person nicht mehr sein. Denn diese Person existiert nicht mehr. Du bist Brahman geworden. Du bist allumfassend geworden. Du bist dein Selbst geworden, ohne dich darum zu bemühen.

Du solltest immer dankbar sein für das, was du bist. Bemitleide dich nicht selbst. Liebe dich selbst einfach so, wie du bist. Indem du dich liebst wie du bist, wirst du über die Dinge hinausgehen, die dich zu stören schienen, die dich gequält, dir Schmerzen bereitet haben. Sie alle werden gehen. Du wirst sie nicht mehr wahrnehmen. Lasse alles gehen. Verlange überhaupt nichts mehr. Tauche tief ins Selbst. Reagiere nicht auf die Außenwelt oder auf deinen Körper. ALLES IST GUT.

Wenn du ohne Gedanken, ohne Bedürfnisse, ohne Mangel, ohne Verlangen bist, dann bist du Gott. Du bist das Universum. Du bist Göttliche Liebe. Du bist schön.

Freiheit

Wenn du wahrnimmst, dass du Bewusstsein bist, dann bist du überall und du bist alles. Wenn du erkennst, du bist alles, dann wirst du zum Meister von allem. Und als Meister von allem kannst du tun, was du willst. Nun gibt dir das, was ich gerade gesagt habe, nicht die Erlaubnis, hinzugehen und alles zu tun, was du willst, dich lächerlich zu machen oder andere Leute zu verletzen. Erinnere dich daran, wie das geht. Wenn du zu der Tatsache aufwachst, dass du Absolute Realität bist, dass du Reines Gewahrsein bist, dass du Bewusstsein bist, dann wirst du alles. Wenn du weißt, dass du alles bist, dann wirst du Meister von allem. Und wenn du Meister von allem bist, kannst du tun, was immer du möchtest. Zuerst aber musst du aufwachen. Du musst deine wahre Natur verstehen, dein Swarupa. Du musst erkennen, wer du bist. Wenn du verstehst, dass du Bewusstsein bist, dann verstehst du, dass du alles bist. Denn Bewusstsein ist nicht auf dich selbst begrenzt, auf dein persönliches Selbst. Bewusstsein ist Allumfassend, Allgegenwärtig. Daher weißt du, dass du alles bist. Du bist die Planeten, du bist die Bäume, die Blätter, die Tiere, die Kakerlaken – du bist alles. Das ganze Universum ist du. Wenn das ganze Universum du ist, bist du natürlich Herr von allem. Und kannst machen, was du willst.

Aber das Paradoxe ist: Wenn du zu dem wirst, dann gibt es nichts mehr zu tun. Dann gibt es absolut nichts mehr, was du tun willst, denn du bist alles. Wenn du erkennst, dass du alles bist, was gibt es dann noch zu tun? Nur wenn du durch deinen Körper begrenzt bist oder wenn du glaubst, du seist der Körper, dann möchtest du Dinge tun, du möchtest etwas erreichen, etwas werden. Wenn du erkennst, dass du Allumfassendes Bewusstsein bist, dann bist du all das bereits. Du bist alles im Universum. Du bist das Universum. Das ganze Universum entsteht aus deinem Selbst heraus. Dann wirst du Gott, und alle Götter und Göttinnen werden mit gefalteten Händen zu dir kommen. Denn du bist Das geworden. Also erinnert euch, ich gebe euch nicht die Erlaubnis, als menschliche Wesen Dinge zu tun. Als menschliche Wesen müsst ihr euch gut benehmen und mitfühlend, liebevoll, freundlich, hilfsbereit zu anderen sein. Aber als Bewusstsein seid ihr andere geworden. Ihr seid die Verkörperung von Mitgefühl geworden, von liebevoller

Freundlichkeit, Glückseligkeit. Folglich gibt es nichts zu tun. Folgt ihr diesem Gedankengang? Wenn ihr alles seid, was gibt es zu tun? Alles wird schon getan und ist bereits getan worden. Bleibt einfach still.

Die Frage taucht auf, wenn jeder auf dieser Welt frei wird, wie kann dann die Welt funktionieren? Leute fragen mich das immer wieder. Ich habe euch gesagt, kümmert euch nicht um die Welt. Da ist das Eine, das sich um die Welt kümmert. Wenn ihr mit dem Einen verschmelzt, werdet ihr das verstehen. Ihr müsst also nicht herumlaufen und versuchen, die Bedingungen in der Welt zu verbessern. Alles ist, wie es sein soll. Das ist etwas, was ihr vollkommen begreifen müsst. Alles ist am richtigen Platz. Jeder ist da wo er hingehört, karmisch gesehen. Es gibt keine Fehler. Keine sind je gemacht worden, keine werden je gemacht werden. Es gibt keine Vergangenheit und keine Zukunft. Es gibt nur diesen Moment, in dem ihr lebt. Fragt euch in diesem Moment: „Wer bin ich?" und schaut, was das macht. Erinnert euch täglich, ihr seid nicht der Handelnde. Ihr seid nicht der Körper und nicht der Verstand. Erinnert euch täglich, ihr seid Parabrahman, jenseits von Brahman. Ihr seid wahlfreies, müheloses Reines Gewahrsein. Ihr seid Nirvana, die Letztendliche Wahrheit, die Höchste Einheit.

Die drei Tugenden

Es gibt drei Haupttugenden, die du erwerben musst,
um befreit zu werden.
Drei Tugenden sind ganz besonders wichtig,
die musst du vor der Erleuchtung unbedingt erreichen.

Jede erleuchtete Person auf dieser Erde,
jeder, der befreit wurde, besaß diese Tugenden.
Ohne sie kannst du nicht frei werden.

Die erste ist Mitgefühl.
Die zweite ist Demut.
Und die dritte ist Dienen.

Mitgefühl

Was ist Mitgefühl? Mitgefühl bedeutet eigentlich, dass du völlig im Einklang mit dem gesamten Universum bist. Im ganzen Universum gibt es nichts, was du ablehnst. Denke darüber nach. Mitgefühl bedeutet Ehrfurcht vor allem Lebendigen, und alles ist lebendig, es gibt keine tote Materie. Alles hat sein eigenes Leben. Wenn du das Leben verehrst, respektierst du alles, du hast keine Abneigung gegen irgendetwas oder irgendjemanden. Ich spreche nicht nur von den menschlichen Wesen, ich spreche auch vom Mineralreich, vom Pflanzenreich, vom Tierreich. Hast du je von einem Weisen oder einer befreiten Person gehört, die mit irgendetwas in der Welt uneins war? Du musst mit dir selber einig werden.

Zu viele Advaita Anhänger, Nicht-Dualität Leute, laufen herum und schreien: „Ich bin eins mit diesem, ich bin eins mit jenem, alles ist Absolute Realität", und trotzdem haben sie so viele schlechte Angewohnheiten. Es ist irgendwie paradox. Ich erzähle so oft, dass alles karmisch ist. Alles ist vorherbestimmt, alles was dir geschah, ist vorherbestimmt, du bewegst nicht einen Finger ohne Vorherbestimmung. Doch gleichzeitig sage ich, dass du bestimmte Dinge aufgeben und höhere Qualitäten entwickeln musst, was genauso stimmt. Denn du könntest ja auch sagen: „Wenn alles vorherbestimmt ist, warum sollte ich mir überhaupt etwas daraus machen, was ich tue, wie ich mich verhalte, wie ich lebe? Alles wird sowieso geschehen." Das ist auf einer bestimmten Ebene wahr, aber noch einmal, du bist absolut frei, nach innen zu gehen und nicht auf die Situationen des Lebens zu reagieren. Diese Freiheit hast du. Ja, alles ist vorherbestimmt, aber gleichzeitig hast du die Freiheit, nach innen zu gehen und herauszufinden, zu wem diese Vorherbestimmung kommt, indem du dich in einen höheren Bewusstseinsstand erhebst und frei wirst. Deshalb ist Mitgefühl sehr wichtig.

Hier ein Beispiel von mir selbst: Ich gehe mit vielen von euch zum Essen, ich genieße das. Aber ich tue das aus großem Mitgefühl heraus, Mitgefühl für euch, weil es euch großes Vergnügen bereitet. Wenn ich mit euch beim Essen sitze, seht ihr mich immer eine Handvoll Vitamintabletten einnehmen. Bevor ich nach Los Angeles kam, habe ich nie im Leben eine Vitamintablette genommen. Aber einige von euch haben von einer Krankheit gehört, die ich haben könnte, also bringt ihr mir Vitamine und Mineralien und Pillen und alles mögliche. Ich nehme diese Sachen euch zuliebe, aus großem Mitgefühl heraus, nicht mir zuliebe.

Vor ungefähr zwei Jahren kam jemand am Freitag Nachmittag zu mir nach Hause, klingelte, und ich öffnete die Tür. Da stand dieser Typ mit einem breiten Lächeln im Gesicht, als würde er mich mein Leben lang kennen. Er erklärte, dass er mich 1958 in Bangalore, Indien, in Papa Ram Dass' Ashram getroffen hatte. Ich erinnerte mich nicht an ihn. Er erzählte mir auch, dass er 1975 in Denver in meine Klassen gekommen war. Aber er fühlte sich so gut damit, dass ich sagte, ich erinnerte mich an ihn und erkenne ihn wieder. Er war auf der Durchreise und wollte mich besuchen. Er wollte, dass ich ihn in Advaita

Vedanta einweihe. Ich erklärte ihm, dass ich keine Einweihungen vornähme, dass ich kein Guru oder Yogi oder etwas Derartiges sei, und abgesehen davon gibt es keine Einweihung in Advaita Vedanta, denn es ist Nicht-Dualität. Es muss einen Einweihenden geben und jemanden, der eingeweiht wird. Es muss ein Subjekt und ein Objekt geben. Doch da es kein Subjekt und kein Objekt gibt, wie soll ich jemanden einweihen? Aber er gab sich nicht mit einem Nein zufrieden. Er flehte mich an, dass er den weiten Weg zu mir gekommen sei und ich ihn doch einweihen müsse. Ich erklärte ihm noch einmal, dass ich das nicht täte, nicht daran glaubte und es nichts mit Advaita Vedanta zu tun habe. Warum wollte er sich keinen Yogi oder so jemanden suchen, der Einweihungen vornimmt? Als nächstes nahm er zweihundert Dollar aus der Tasche, legte sie hin und sagte: „Hier, initiiere mich." Ich nahm die zweihundert Dollar, steckte sie zurück in seine Tasche und erklärte, dass ich kein Geld von jemand nähme, den ich nicht kenne, um ihn zu initiieren. Schließlich fiel er sogar auf die Knie, packte meine Beine und fing an zu weinen. Was sollte ich also machen? Ich war im Dilemma. Also sagte ich okay, legte meine linke Hand auf seinen Kopf und meine rechte auf seinen Brustkorb und sagte: „Im Namen von Advaita Vedanta bist du jetzt eingeweiht in Reines Gewahrsein." Jetzt geschah etwas mit ihm. Zum erstenmal sah ich, wie jemandem die Haare zu Berge standen. Es war, als wenn eine elektrische Welle durch seinen Körper ging. Und er stand auf und lächelte und ich war tatsächlich in der Lage, mich selbst als ihn zu sehen. Er war wirklich völlig transformiert. Er verabschiedete sich und ich sah ihn nie wieder.

Was ist nun die Absicht dieser Geschichte? Es gibt keine Absicht. Es ist einfach eine Geschichte, die ich in meine Belehrung einbaue, damit die Zeit schneller vorbeigeht.

Ich dachte, das hätte etwas mit Mitgefühl zu tun.

Nein, nein, gar kein Mitgefühl, es hat nichts mit irgendetwas zu tun, es gehört überhaupt nicht hierher. Du sollst nur sehen und verstehen, dass du dein lineares Denken unterbrechen musst. Aber um zum Mitgefühl zurückzukommen: Du musst Mitgefühl haben. Tatsächlich hatte ich großes Mitgefühl mit dieser Person, aber ich benutze dieses Wort nie. Dieses Wort soll dir helfen, in etwa zu verstehen, worüber wir hier sprechen.

Mitgefühl ist sehr wichtig. Denke an Zeiten in deinem Leben, wo du Mitgefühl hättest haben können, es aber nicht hattest. Deine Gedanken hatten sich eingemischt und du kamst zu einem Ergebnis, grundsätzlich kamen einfach Gedanken in deinen Kopf. Zum Beispiel siehst du einen Obdachlosen, der dich um ein paar Dollars bittet. Es ist egal, warum er die Dollars haben möchte, ob er damit Whiskey oder Brot oder sonst etwas kaufen will. Es ist deine Pflicht, jedem zu helfen, der in deine Nähe kommt. Du musst jedem, der in dein Leben kommt, helfen. Es ist kein Zufall, dass diese obdachlose Person zu dir kam. Schicke ihn nicht weg, denn indem du ihn wegschickst, schickst du dich selber weg. Das ist Mitgefühl. Du söhnst dich mit dem gesamten Universum aus. Wir sollten großes Mitgefühl für alle Tiere auf dieser Erde haben, seien es Ameisen oder Kakerlaken oder Ziegen oder Schafe oder Kühe. Wenn wir dieses Mitgefühl hätten, würden wir dann Fleisch essen? Wir müssen großes Mitgefühl für Blumen, die gesamte Vegetation, für alles haben, was existiert. Wir müssen Mitgefühl für alle Mineralien auf dieser Erde haben, für alles! So söhnen wir uns mit dem gesamten Universum aus. Das ist wichtig.

Einige wundern sich, warum sie schon so lange auf dem Weg sind und keine Fortschritte zu machen scheinen. Das liegt daran, dass das Mitgefühl nicht groß genug ist.

DEMUT

Als nächstes schauen wir uns Demut an. Demut ist sehr, sehr wichtig. Jeder will Punkte sammeln, eine Auseinandersetzung gewinnen, einen Kampf gewinnen. Doch wenn du Demut besitzt, wird es dir nicht in den Sinn kommen, zu gewinnen oder mit jemandem abzurechnen. Demut ist karmisch und mit Karma ist es so, wie wenn du auf eine Harke trittst und sie dich am Kopf trifft, Ursache und Wirkung. Die Ursache ist, du trittst auf die Harke, die Wirkung ist, sie trifft dich am Kopf. Das ist unser Karma. Alles was passiert, kommt wieder. Du trittst auf die Harke, der Stiel trifft dich aber nicht sofort, sondern vielleicht erst Jahre später oder in einem anderen Leben, aber sicher wirst du am Kopf getroffen werden. Also, es gibt sofortiges Karma und zukünftiges Karma. Der einzige Weg, davon loszukommen, ist große Demut. Sagen wir, jemand ohrfeigt dich. Als Erstes wird dir das Ego sagen, du sollst ihn schlagen, ihn zurückohrfeigen, ihn erschießen, töten, mit ihm abrechnen. Aber wenn wir weise sind, dann wissen wir, warum wir ins Gesicht geschlagen wurden. Und natürlich wissen wir, irgendwie und irgendwo ist es Karma, das zu uns zurückkommt, und wenn wir uns rächen, starten wir neues Karma, das auch irgendwann zu uns zurückkommt. Daher: Alles, was dir je in irgendeinem Bereich deines Lebens geschehen ist, egal wie es auch aussehen mag, du bist am richtigen Platz. Niemand schikaniert dich, niemand will dir irgendetwas antun, niemand versucht dich zu verletzten. Wenn du kooperierst und nicht reagierst und nicht zurückschlägst, sondern eine Botschaft voll Liebe und Frieden aussendest, dann transzendierst du das Karma und es wird nie wieder zurückkommen. Aber du willst dich rächen, eine Schlacht gewinnen und es mag scheinen, als wenn du diese Schlacht zunächst gewinnst. Es mag scheinen, dass du irgendwas erreichst, aber die Früchte deiner Aktionen kommen früher oder später zu dir zurück. Deshalb spielst du Spiele mit dir selbst und kommst nirgendwohin damit. Du wirst die gleiche Situation mit verschiedenen Menschen immer und immer wiederholen, du magst in ein anderes Land ziehen, in andere Situationen verwickelt sein, aber du wirst immer die gleichen Probleme haben.

Was immer sich also falsch in deinem Leben anfühlt, was immer schrecklich zu sein scheint: Sieh das Problem selbst nicht als Problem an. Erhebe dich darüber, erkenne, dass niemand daran die Schuld trägt. Du hast keine Feinde, niemand versucht, dich zu verletzen. Das ist Demut. Du bist kein Feigling, du bist kein Fußabtreter. Du bist über dieses Denken hinausgewachsen. Diese Art von Denken existiert nicht. Es gibt da eine Geschichte von Ramana Maharshi. Er ging zu einem Spaziergang in den Dschungel und trat unbeabsichtigt in ein Wespennest. Die Wespen stachen ihn, aber er zog nicht einmal sein Bein aus dem Nest heraus, sondern sagte zu den Wespen: „Ich verdiene das, ich bin in euer Haus eingedrungen. Ich verdiene, was ihr meinem Bein antut und wenn ihr wollt, könnt ihr auch das andere Bein angreifen.“ Als er zum Ashram zurückkam, war sein ganzes Bein zerstochen und musste behandelt werden. Aber es machte ihm nichts aus. Er lächelte die ganze Zeit in der Einsicht: „Alles ist gut.“

Nun schau dir dein Leben an. Denke an die Dinge, die dich täglich plagen, dich aufregen, dich verärgern, aus der Fassung bringen, die dich dazu bringen, dich rächen zu wollen. Werde das los.

DIENEN

Die dritte Tugend ist Dienen. Unsere Mission auf dieser Erde ist es, der Menschheit zu dienen. Wenn du versuchst, dich zu entfalten, wenn du dich selbst auf eine höhere Ebene zu bringen versuchst, um befreit zu werden, total frei zu werden, dann diene so gut du kannst, ohne Erwartung etwas zurückzubekommen. Diene jedem, dem du begegnest. Frage die Menschen, was du für sie tun kannst, damit ihr Leben glücklicher und strahlender wird. Sei jedem zu Diensten. Es steht geschrieben, der Erste wird der Letzte, und der Letzte wird der Erste sein. Wenn du versuchst, dein Ego in den Vordergrund zu bringen, wenn du Ruhm und Namen und Anerkennung willst, dann wirst du immer wieder zurückgeschlagen werden und du wirst alle möglichen Probleme haben, die mit Ruhm und Namen zusammenhängen.

In Wahrheit bist du nicht der Handelnde, nicht der Körper, nicht der Verstand, du bist totale Freiheit. Du bist schon befreit. Aber für einige von uns ist das nur intellektuell. Praktiziere deshalb diese drei Tugenden, und du wirst erstaunt sein, wie schnell du frei sein wirst.

Die vier Prinzipien des Jnana Marga

Fühle in deinem Herzen....

1) Alles, alles ist aus dem Verstand entstanden.

2) Ich bin nicht geboren, ich existiere nicht
und ich sterbe nicht.
Es gibt keine Ursache.

3) Alles ist frei von Ego.
Nichts hat ein Ego oder eine Ursache.
Nichts existiert.

4) Habe ein tiefes Gefühl davon, was Selbst-Verwirklichung ist,
indem du alles verneinst, was sie nicht ist.
Nicht dies, nicht das....

Eine Vision

Ich möchte euch ein kleines Geheimnis verraten: Es gibt keine Probleme. Es gibt keine Probleme. Es gab noch nie Probleme, es gibt jetzt keine Probleme und es wird nie irgendwelche Probleme geben. Probleme bedeuten einfach, dass die Welt nicht so ist wie du sie gerne hättest. Aber in Wahrheit gibt es keine Probleme. Alles entfaltet sich wie es soll. Alles ist richtig. Du musst dich selber vergessen und dein Bewusstsein ausdehnen, bis du zum ganzen Universum wirst. Die Realität hinter dem Universum ist Reines Gewahrsein. Da gibt es keine Probleme. Und du bist Das.

Wenn du dich mit dem Körper identifizierst, dann gibt es ein Problem, denn dein Körper wird immer in irgendwelchen Schwierigkeiten sein. Aber wenn du lernst, deinen Körper und deinen Verstand zu vergessen, wo ist dann das Problem? Mit anderen Worten: Lasse deinen Körper allein. Kümmere dich in angemessener Weise um ihn. Mache ein paar Übungen, gib ihm die richtige Nahrung, aber denke nicht zuviel darüber nach. Richte deinen Verstand auf die absolute Realität. Verbinde deinen Verstand mit der absoluten Realität, und du wirst sie erfahren. Du wirst in einer Welt ohne Probleme leben. Die Welt mag anderen problematisch erscheinen, aber dir nicht. Du wirst die Dinge anders sehen, von einer höheren Warte aus.

Diese Woche bekam ich einen interessanten Anruf. Jemand fragte mich: „Träumen selbst-verwirklichte Menschen oder haben sie Visionen?“ Nun, um einen Traum oder eine Vision zu haben, muss es noch jemanden geben, der sie hat. Wenn du aber selbst-verwirklicht bist, dann ist niemand mehr zu Hause. Es ist niemand mehr da. Also ist das ein Widerspruch, wie es die Wahrheit nun mal ist. Jede Wahrheit ist ein Widerspruch, ein Paradox.

Die Antwort ist: Weise träumen manchmal und haben Visionen. Aber sie sind sich des Träumers bewusst. Mit anderen Worten: Sie erkennen, dass sie nicht die Person sind, die träumt oder eine Vision hat. Solange es irgendwo einen Körper gibt, wird es auch Träume und Visionen geben. Sogar wenn niemand mehr zu Hause ist, werden sich manchmal Träume oder Visionen einstellen.

Ramana Maharshi zum Beispiel träumte oft und hatte Visionen. Nisargadatta träumte und hatte Visionen. Sie waren beide selbst-verwirklicht. Und wieder lautet die Frage: „Wer träumt? Wer hat Visionen?“ Es gibt kein Ego mehr, solange der Träumer vom „Ich“ getrennt ist. Ich kann nur aus eigener Erfahrung sprechen. Für mich gibt es keinen Unterschied zwischen Wachzustand, Traumzustand, Schlafzustand oder dem Visionszustand. Es ist alles das Gleiche. Ich bin mir all dieser

Zustände bewusst, aber ich bin nicht diese Zustände. Ich beobachte sie. Ich sehe, wie sie geschehen. Tatsächlich kann ich manchmal keinen Unterschied ausmachen. Manchmal weiß ich nicht, ob ich träume oder wach bin oder eine Vision habe oder schlafe. Es ist alles das Gleiche, denn ich trete einen Schritt zurück und beobachte mich, wie mir all dies geschieht.

Kürzlich habe ich aus irgendwelchen Gründen von der Königin von England geträumt. Sie kam zum Satsang, drei Nächte hintereinander. Ich habe keine Ahnung warum. Aber heute morgen so um vier Uhr hatte ich eine wirklich interessante Vision, und darüber werden wir jetzt den Rest der Zeit sprechen, weil ich sie wirklich sehr interessant finde.

Wie viele von euch wissen, hatte ich in regelmäßigen Abständen eine bestimmte Vision von mir selber. Ich gehe zum Arunachala, dem heiligen Berg, wo Ramana Maharshi lebte. In der Vision ist der Berg hohl. Und ich gehe durch diesen Berg hindurch bis zum Zentrum. Dort ist strahlendes Licht, tausendmal strahlender als die Sonne und doch angenehm und ruhig und ohne Hitze. Und dann treffe ich Ramana, Jesus, Rama Krishna, Nisargadatta, Lao Tse und die anderen. Wir lächeln uns an, gehen aufeinander zu, verschmelzen zu einem Licht und werden eins. Dann erscheint dieses blendende Licht und es gibt eine Explosion. Und ich öffne meine Augen. Das habe ich schon vorher mit euch geteilt.

Heute morgen hatte ich nun zum ersten Mal eine andere sehr interessante Vision, die ich jetzt mit euch teilen möchte. Ich träumte, irgendwo auf einem offenen Feld zu sein, einem schönen Feld. In der Nähe gab es einen See, Bäume, einen Wald. Und ich saß auf diesem offenen Feld unter einem Baum. Ich trug die orangefarbene Kleidung der Entsagung, ich muss wohl ein Buddhist gewesen sein.

Plötzlich kommen Hunderte von Bodhisattvas und Mahasattvas aus dem Wald auf mich zu. Sie alle setzen sich im Halbkreis um mich herum, in Meditation. Und ich wunderte mich, was ich hier tat. Dann erkannte ich, dass ich der Buddha geworden war. Wir alle saßen ungefähr drei Stunden in Stille.

Dann stand einer der Bodhisattvas auf und stellte eine Frage. Er sagte: „Meister, was ist deine Lehre?" Er sprach nicht Englisch. Ich weiß nicht, in welcher Sprache er sprach. Aber ich verstand ihn ganz klar. Und ohne zu zögern sagte ich: „Ich lehre die Selbst-Verwirklichung der Höchsten Weisheit." Und er setzte sich hin.

Wir saßen ungefähr drei weitere Stunden in Stille, dann stand ein anderer Bodhisattva auf und stellte eine Frage: „Meister, wie kann man erkennen, ob man nahe an der Selbst-Verwirklichung ist? Wie kannst du sagen, jemand ist nahe daran, selbst-verwirklicht zu werden? Wie kann man das erkennen?"

Und genau darüber möchte ich heute sprechen. Wie können wir sagen, ob wir auf dem richtigen Weg sind? Ich verkündete vier Prinzipien, das tue ich im Wachzustand sicherlich nie. Ich habe gar keine Lehre. Aber ich verkündete eine Lehre, also rede ich jetzt mit euch darüber. Ich erklärte vier Prinzipien, anhand derer du erkennst, dass du nahe an der Selbst-Verwirklichung bist. Natürlich sind wir alle bereits selbst-verwirklicht.

Trotzdem erklärte ich all den Bodhisattvas und Mahasattvas diese vier Prinzipien. Danach saßen wir drei Stunden in Meditation, am Ende standen sie auf und gingen zurück in den Wald. Dann gab es einen Licht-Blitz und ich öffnete meine Augen.

PRINZIP NUMMER EINS

Du hast ein Gefühl und ein vollkommenes Verständnis, dass alles, was du siehst – alles im Universum und in der Welt – von deinem Verstand ausgeht. Du fühlst das. Du brauchst nicht darüber nachdenken oder versuchen es herbeizuführen. Es kommt von allein. Es wird ein Teil von dir. Die Erkenntnis, dass alles was du siehst, das Universum, Menschen, Würmer, Insekten, das Mineralreich, das Planzenreich, dein Körper, dein Verstand, alles was erscheint, eine Manifestation deines Verstandes ist. Dieses Gefühl, dieses tiefe Verständnis musst du haben, ohne es zu versuchen.

Frage dich also: „Woran denke ich den ganzen Tag lang?“ Klar, wenn du vor etwas Angst hast, wenn du dich sorgst, wenn du glaubst, irgendetwas sei falsch, wenn du denkst, du leidest unter Mangel oder Begrenzung oder Krankheit, egal was, dann hast du es gerade ganz verloren, weil du nicht verstehst, dass all diese Dinge nur Manifestationen deines eigenen Verstandes sind. Und wenn du dir über diese Dinge Sorgen machst, dann hängst du an falschen Vorstellungen. Das ist es, was man falsche Vorstellungen nennt. Du hast viele Jahre in Gewohnheits-Energie festgehangen und all diese Anhaftungen und Glaubenssätze kommen von dort.

Alles was deine Sinne dir zeigen, wurde vom Verstand geschaffen. Du projizierst Bilder, genauso wie ein Film projiziert wird. Alles was du gerade jetzt in diesem Raum siehst, kommt aus deinem Verstand. Du magst sagen: „Wie können wir alle gemeinsam dasselbe sehen?“ Das kommt von der Gewohnheits-Energie, in der wir alle aufgezogen wurden. Gemeinsam scheinen wir also dasselbe zu sehen, dasselbe Bild.

Es ist genauso, als ob du eine Fernsehshow betrachtest und zu einem der Darsteller wirst, auch wenn du weißt, dass du gar nicht im Fernsehen bist. Aber du glaubst, einer der Mitwirkenden in dieser Fernsehshow zu sein. So ist es auch mit der Welt. Verwickle dich nicht. Ich meine damit nicht, passiv zu werden. Ich meine damit: Dein Körper tut einfach, was er zu tun hat. Erinnere dich, dein Körper kam auf diese Erde, um etwas zu tun. Und er wird das auch ohne deine Mithilfe tun. Er wird sich um sich selber kümmern. Mache dir keine Sorgen. Aber halte deinen Körper nicht für dich selbst. Beide sind verschieden. Dein Körper ist nicht du. Und ich werde das beweisen.

Was sagst du, wenn du dich auf deinen Körper beziehst? Sagst du nicht „mein Körper“? Wer ist dieses „mein“, auf das du dich beziehst? Du sagst „mein Finger“, „mein Auge“. Auf wen beziehst du dich? Nicht auf den Körper, weil du ja sagst, es ist

„mein“ Körper, so als ob du ihn besitzt. Wer besitzt ihn? Das beweist dir, du bist nicht der Körper. Also identifiziere dich nicht mit dem Körper und der Welt.

Daher ist das erste Prinzip, um zu erkennen, wie nah du an der Selbst-Verwirklichung bist: Du bist nicht mit der Welt identifiziert. Du bist getrennt. Und du fühlst Glück, weil dein natürlicher Zustand reines Glück ist. Sobald du dich mit weltlichen Dingen identifizierst, verdirbst du es. Das Glück verschwindet, es löst sich auf. Aber wenn du von weltlichen Dingen getrennt bist, kommt das Glück, wunderschönes, reines Glück von selbst. Es kommt von allein. Das ist also das erste Prinzip.

Denke darüber nach! Alles in diesem Universum, Personen, Orte und Dinge, alles, dein Körper, deine Gedanken, die Schöpfung, Gott, alles woran du nur denken kannst, alles – und ich meine alles – ist eine Projektion deines Verstandes. Wenn du das wirklich verstehst, wie kannst du Probleme haben?

Aber du könntest einwenden: „Nun gut, ich muss am Ersten meine Miete zahlen und ich habe kein Geld, also was hilft mir das?“ Du würdest dich wundern, was es für dich tut. Mangelt es den Bäumen an Blättern? Vergessen die Blumen das Blühen? Wenn du die Wahrheit erkennen könntest, dass alles von deinem Verstand geschaffen ist, würdest du zu deinem Selbst werden, und dein Selbst ist Allgegenwärtigkeit. Darin ist alles enthalten, was dein Körper zum Überleben braucht. Denke darüber nach. Dein Körper kommt aus deinem Verstand. Aber wenn du glaubst, dein Körper zu sein und dann auf einmal begreifst, dass das alles aus dem Verstand kommt, dann wird für dich gesorgt werden, genauso wie für die Blätter am Baum gesorgt wird.

Diese Lehre ist also ziemlich einleuchtend und kann dazu benutzt werden, dein Menschsein zu verbessern, wenn auch nicht auf direktem Wege. Und da liegt das Problem. Wenn du aber dein Menschsein vergisst und erkennst, dass alles eine mentale Projektion ist, was geschieht dann? Wenn du realisierst, dass das gesamte Universum eine Manifestation deines Verstandes ist, dann wirst du Allgegenwärtigkeit. Und in der Allgegenwärtigkeit sind all deine Bedürfnisse enthalten, alle Bedürfnisse werden von innen heraus erfüllt. Doch sobald du dir darüber Sorgen machst oder nachdenkst, zerstörst du das. Dann musst du so genannte menschliche Dinge tun und dich um dich selbst kümmern. Aber wenn du das Menschsein alleine lässt und zu dem Verständnis zurückgehst, dass das alles nur in deinem Verstand geschieht, lässt du automatisch deinen Verstand los und das Selbst übernimmt die Führung. Es wird die richtigen Leute in dein Leben bringen, die richtigen Situationen, die richtigen Adressen.

Erinnere dich noch einmal: Dein Körper kam aufgrund von Karma auf diese Erde. Und er wird alles durchmachen, was er durchmachen muss. Aber du hast absolut nichts damit zu tun, denn du bist nicht dein Körper. Wenn du darüber nachdenkst, zerstörst du das. Erlaube deinem Körper, all das zu tun, wofür er herkam. Mische dich nicht ein. Kämpfe nicht. Beobachte einfach. Reagiere nicht. Und es wird dir gut dabei gehen.

Schau, das Geheimnis dieser Dinge ist, darüber nachzudenken, sobald du am Morgen aufwachst. Sobald du deine Augen aufmachst, worüber denkst du normalerweise nach? Du denkst an Essen, du denkst an deinen Tag, du denkst an deine Arbeit, an Geld, an Freunde, an Beziehungen, aber du denkst nicht an deinen Verstand und daran, dass er eine Projektion all dessen ist, was geschieht. Du musst am Morgen, sobald du aufwachst, an die richtigen Dinge denken. Warte nicht.

Wie arbeitest du mit diesen Prinzipien? Sobald du morgens die Augen öffnest – ich werde in der ersten Person reden – musst du zu dir selbst sagen: „Ich fühle und erkenne und verstehe, dass alles, alles – sage alles zweimal – eine Projektion meines Verstandes ist.“ Denke darüber nach, was das bedeutet. Vergiss die anderen drei. Arbeite zunächst an diesem. „Ich fühle, ich erkenne, ich verstehe, dass alles eine Projektion meines Verstandes ist.“

Dann magst du an irgendwelche Probleme denken, wenn du welche hast, und dir sagen: „Wenn alles eine Projektion meines Verstandes ist, wo kommen dann diese Probleme her?" Du erkennst: „Sie kamen von mir. Ich habe sie projiziert. Ich habe sie geschaffen." Dann sagst du: „Wer ist das Ich, das sie geschaffen hat?" Jetzt kommst du an das Eigentliche, an die Substanz. „Wer ist das Ich, das all diese Illusionen in meinem Leben geschaffen hat? Wo kam das Ich her? Wer hat es geboren? Mein Verstand. Wo kam mein Verstand her, das Ich? Sie sind beide das Gleiche. Das Ich und mein Verstand sind das Gleiche." Es ist eine Offenbarung. Du denkst darüber nach: „Wo kam der Verstand/Ich her und zu wem kommt er?" Du folgst ihm tief, tief in dich hinein und wenn du es richtig machst, wirst du erkennen, dass es kein Ich gibt. Es gibt keinen Verstand, also gibt es keine Probleme. Es wird vorbei sein und du fängst an zu lachen. Du wirst anfangen, über dich selbst zu lachen. Du magst denken: „Ich habe Angst vor diesem und ich habe Angst vor jenem." Aber sobald du zu diesem Bewusstsein gelangst, wird etwas geschehen, das dich tatsächlich physisch von diesem Problem befreit oder von dem, was du für dein Problem hältst.

Solange du an deinen Verstand glaubst, und daran, dass da ein Problem ist – ob groß oder klein ist egal, das ist das Gleiche – solange du glaubst, du hast ein Problem, wirst du dieses Problem auch haben, und es wird wachsen und du kannst es nicht ändern. Es mag so scheinen, als ob du es veränderst, aber es wird sich zu etwas Schlimmerem entwickeln, wenn du versuchst, mit dem Problem selbst zu arbeiten. Arbeite nie mit dem Problem selbst, frage dich stattdessen immer, wo es herkam. Das ist das Problem. Die Geburt ist das Problem. Weil du glaubst, du bist geboren, hast du ein Problem und kannst immer und immer so weitermachen.

So arbeitest du mit den Prinzipien: Ich fühle, ich verstehe, dass alles, alles eine Projektion, eine Manifestation meines Verstandes ist. Wessen Verstand? Mein Verstand. Wessen Verstand? Meiner. Mein Verstand. Wer bin ich, der dieses Problem hat? Und während du dir selber diese Fragen stellst, wirst du dich besser und besser und besser fühlen. Du wirst tatsächlich anfangen, dich besser zu fühlen, und wenn du erst anfängst dich besser zu fühlen, wird das Problem weniger und weniger wichtig und es wird verschwinden. Das ist großartige Psychotherapie. Es wirkt. Wenn Psychiater ihren Patienten das geben würden, bräuchten sie ihnen keine Drogen zu geben.

Es sollte zu deiner zweiten Natur werden. Dann wirst du wahres Glück in deinem Leben finden und deine Ziele erreichen. Aber wenn du erst darüber nachdenken musst, bedeutet das, dass dein Verstand von etwas anderem beeindruckt ist. Du hast andere Gedanken, mit denen du die meiste Zeit beschäftigt bist. Noch einmal: Das erste Prinzip ist, dass alles, und ich meine alles, das Universum, die Welt, dein Körper, deine Ängste, deine Probleme, dein Glück, alles woran du denken kannst, alles was deine Sinne wahrnehmen, eine Manifestation deines Verstandes ist. Es ist eine Verstandeseigenschaft. Wenn du deine Augen schließt, verschwindet alles. Wenn du schläfst, gehst du darüber hinaus. Aber wenn du wach bist, existiert die Welt. Die Welt existiert nur, weil dein Verstand existiert und dein Verstand existiert, weil dein Ego existiert.

Wenn du anfängst, an dir selbst zu arbeiten und zu erkennen, dass alles aus deinem Verstand kommt, wirst du aufhören, Angst zu haben und dir Sorgen zu machen, denn du erkennst, es kommt aus dem Verstand. Und wenn du anfängst, deinen Verstand zu verändern, über deinen Verstand hinauszugehen, ihn auszulöschen, kommen Glückseligkeit, Glück, Frieden, Liebe, Freude, Wahrheit von ganz allein. Dein Verstand ist dein Feind.

Was ist dein Verstand? Er ist eine Ansammlung von Gedanken über die Vergangenheit und die Zukunft. Du sorgst dich um die Vergangenheit und du sorgst dich um die Zukunft. Das ist alles, was dein Verstand ist. Er ist nicht dein Freund. Deshalb ignoriere deinen Verstand. Glaube nicht, was er sagt. Beobachte ihn einfach, betrachte ihn, werde zum Zeugen. Allein die Einsicht, dass alles aus deinem Verstand entsteht, wird dich befreien.

Ich frage dich noch einmal: „An was erinnerst du dich?“ Du erinnerst dich an deine persönlichen Probleme, du erinnerst dich an deine Bedürfnisse, du denkst, du seist menschlich. Du denkst ohne Unterbrechung an deinen Körper. Darum gibt es Schwierigkeiten mit der Selbst-Verwirklichung. Also musst du deinen Verstand untersuchen und ihn die ganze Zeit beobachten. Sieh, was er dir antut. Beobachte, wie er dich kontrolliert. Er macht dich emotional, er gibt dir das Gefühl, dass etwas falsch ist, er macht dich wütend. All diese Dinge kommen aus dem Verstand. Sei dir dessen bewusst. Allein dieses Gewahrsein wird dich zum Licht führen. Einfach nur dessen gewahr sein. Du brauchst kein Bücherwissen. Sei dir einfach bewusst, was dein Verstand wirklich ist.

Du eroberst deinen Verstand, indem du dir seiner gewahr bist und nicht länger auf ihn hörst. Reagiere nicht länger auf den Verstand. Nimm etwas, was dich normalerweise wütend macht. Noch bevor du antwortest – und du würdest natürlich die Auseinandersetzung gerne gewinnen – diesmal ist deine Reaktion keine Reaktion. Du lächelst einfach und beobachtest. Wenn dein Verstand sieht, da ist keine Erwiderung, wird er schwächer und schwächer, bis er ganz verschwindet. Es ist so, als ob du mit einer Person argumentierst. Was passiert, wenn du aufhörst zu argumentieren? Die Person geht weg. Sie weiß nicht, was sie denken soll. Sie will einfach nichts mehr mit dir zu tun haben. Sie geht weg. Wenn du aufhörst, auf deine Gedanken zu antworten, wird dein Verstand weggehen und schwächer und schwächer und schwächer werden, bis es keinen Verstand mehr gibt.

Du verstehst, du fühlst, dass alles aus deinem Verstand entsteht, oder es würde nicht existieren. Jedwede Existenz, vom kleinsten Nichts zur größten Galaxie – es kommt alles aus deinem Verstand. Doch selbst wenn ich das jetzt so sage, fühlst du immer noch, dass etwas real ist, oder? Du fühlst, dass etwas real ist. Du magst sagen, die Sonne ist real. Du magst sagen, Gott ist real. Du magst sagen, dass ein Atom real ist, aber du begreifst nicht, dass du diese Dinge kreierst. Sie alle sind eine Projektion deines Verstandes. Wenn du keinen Verstand hättest, hättest du keine solchen Konzepte. Darum müssen wir den Verstand vernichten, ihn töten. Kein Verstand, keine Konzepte.

Und du musst Selbst-Befragung üben, indem du erkennst, dass alles aus dem Verstand kommt, indem du fragst: „Was ist mein Verstand? Wo kam er her?“ Und du wirst erkennen, dass das „Ich“ der Verstand ist: „Ich“ ist auch der Verstand! Weil du sagst: „Ich denke“, siehst du das nicht. „Ich denke“, und der Verstand ist Gedanken. So kommen wir wieder zurück zum „Ich“. Wir kommen immer wieder zum „Ich“ zurück. Also noch einmal: Willst du deinen Verstand beseitigen, beseitige das „Ich“. Du fragst dich selber wieder: „Wenn der Verstand Ich ist, wo kam dann Ich her? Was ist die Quelle von diesem Ich? Wer bin ich?“ Du gehst immer zurück zum „Ich“. Alles führt auf dasselbe hinaus, nicht wahr? Alle Prozesse, die wir benutzen, führen auf dasselbe hinaus. Auf das „Ich“.

Das erste Prinzip: Das gesamte Universum ist eine Projektion meines Verstandes. Dann sagst du: „Mein Verstand. Wer ist 'mein'? Ich beziehe mich auf ‘meinen’ Verstand.“ Und dann sagst du dir wieder: „Ich komme wieder zurück zum ‘Ich’. Ich beziehe mich auf meinen Verstand.“ Wieder gehst du zurück zu: „Wo kam das ‘Ich’ her? Wer hat es erschaffen? Was ist seine Quelle? Wer hat es geboren?“ Und du stellst diese Fragen immer und immer und immer wieder. Und wie ich schon vorher gesagt habe, eines Tages wird bei den meisten Menschen so etwas wie eine Explosion geschehen und das „Ich“ wird in Stücke zerrissen. Du wirst Licht sehen, gewaltiges Licht. Du wirst Licht werden, das Licht von tausend Sonnen. Aber das ist nicht die Antwort. Du musst durch das Licht hindurchgehen in die Leere, ins Nirvana, in die Absolute Realität, welche Parabrahman, Nichts genannt wird.

Dieses Nichts wird Alles.

PRINZIP NUMMER ZWEI

Du musst ein starkes Gefühl, eine tiefe Erkenntnis haben, dass du nicht geboren wurdest. Du wurdest nicht geboren, du erfährst kein Leben und du verschwindest nicht, du stirbst nicht. Du wurdest nicht geboren, du lebst nicht und du stirbst nicht. Du musst fühlen, dass du dem Ungeborenen angehörst. Erkennst du, was das bedeutet? Es gibt keine Ursache für deine Existenz. Es gibt keine Ursache für dein Leiden. Es gibt keine Ursache für deine Probleme.

Einige von euch glauben immer noch an Ursache und Wirkung. Das trifft für die relative Welt zu, aber in der Welt der Realität gibt es keine Ursache. Nichts ist je getan worden, nichts wurde je geschaffen, es gibt keine Schöpfung. Ich weiß, das ist schwer zu begreifen. Wie kann ich existieren, wenn ich nicht geboren wurde, kein Leben habe und im Alter nicht wieder verschwinde? Du existierst als ICH BIN. Du hast immer existiert und wirst immer existieren. Du existierst als Reine Intelligenz, als Absolute Realität. Das ist deine wahre Natur. Du existierst als Sat-Chit-Ananda. Du existierst als Glückseliges Bewusstsein, aber du existierst. Du existierst als Leere, als Nirvana, aber du existierst. Sei also nicht besorgt darüber, nicht-existent zu sein. Aber du existierst nicht als ein Körper. Du existierst nicht als Person, Ort oder Ding. Fühlst du das? Wenn du ein starkes Gefühl hierzu hast, bist du nahe an der Selbst-Verwirklichung.

Nun gehe zum zweiten Prinzip und arbeite damit wie mit dem ersten. Das zweite Prinzip ist: Ich nehme wahr, ich fühle, ich verstehe, dass ich nie geboren wurde. Ich bin ungeboren. Ich existiere nicht. Meine Existenz existiert nicht und ich werde nie verschwinden.

Kann man sagen, man nimmt wahr oder versteht, dass man ungeboren ist, bevor der Verstand es voll akzeptiert?

Mit was auch immer du arbeiten kannst, um dich selber wissen zu lassen, dass du wahrnimmst oder fühlst oder verstehst.

Wäre es ehrlicher zu sagen: Ich beginne wahrzunehmen?

Es gibt kein Beginnen. Du kannst sagen: „Da ist etwas in mir, das wahrnimmt oder da ist etwas in mir, das weiß, ich wurde nie geboren, ich existiere nicht und ich werde nie verschwinden. Ich bin das, was weiß." Fange damit an zu arbeiten.

Was bedeutet dieses „Ich wurde nie geboren"? Ich bin ungeboren. Es hört sich wie ein Widerspruch an, weil du denkst, dein Vater und deine Mutter hätten dich geboren. Das scheint wahr zu sein. Wer hat sie geboren? Mein Großvater und meine Großmutter. Und so geht es immer weiter zurück. Wer hat sie geboren? Du gehst zurück zum Anfang, zurück zum ersten Mann und zur ersten Frau, und wo kamen die her? Wer hat damit angefangen? Wer hat die Menschheit begonnen? Wer fing mit der Idee von Geburt an? Antworte nicht, denn der Verstand wird Antworten erfinden, Adam und Eva, Gott. Das hat dir jemand gesagt. Aber ist es wahr? Wo kam Gott her?

Gehe zum Anfang zurück. Es ist wie mit dem Huhn und dem Ei. Was kam zuerst? Der Baum oder der Samen? Der Mann oder die Frau? Wer hat sie gemacht? Du wirst erkennen, sie existieren nicht. Nichts hat dich geboren. Die ganze Idee einer Geburt ist falsch, ist nur ein Traum. Sie existiert nicht. Deshalb existiere ich nicht so, wie ich zu sein scheine.

Dann gehe zurück zur ersten Prämisse. „Wer bin ich?" Du gehst immer wieder zur Selbst-Befragung zurück. Wer bin ich, der existiert? Wenn ich nicht der Körper bin, bin ich meine Gedanken? Ich kann nicht meine Gedanken sein, weil sie sich immer wieder verändern. Wer bin ich dann? Sei eine Weile still. Du weißt, dass es wirkt, wenn du anfängst, ein ruhiges, liebevolles Gefühl zu haben. Du fängst an, einen Frieden zu fühlen wie nie zuvor. Du beginnst zu fühlen, dass alles gut ist.

Wenn du das oft genug machst, wirst du ein Glück fühlen, das du vorher nicht kanntest und es wird dir egal sein, ob gerade eine Bombe auf deinen Kopf fällt. Du würdest dieses Glück fühlen, weil du weißt, dass du nicht sterben kannst. Im Moment sind das nur Worte. Eines Tages wirst du tatsächlich wissen, dass du nicht verschwinden kannst. Nichts kann dich töten. Töten ist nur ein Wort. Es bedeutet etwas, das du akzeptiert hast. Wir erfinden Worte und belegen sie mit Gefühlen. Höre auf das Wort, töten, töten, töten, töten. Es hört sich absurd an. Das Wort selbst hat keine Kraft außer der, die du selber ihm gibst.

Wenn der Verstand still ist, erscheint die Realität von alleine. Wenn du denkst und denkst, dann hat die Welt dich im Griff und du wirst wieder weltlich. Selbst-Befragung beruhigt den Verstand.

Wenn du damit arbeitest, sagst du weiter: „Ich existiere nicht." Du sagst: „Du meinst also, dass meine gesamte Existenz, seit ich ein Baby war bis ich sterbe, nichts bedeutet?" Dann sagst du dir: „Ich habe gerade bewiesen, dass ich nicht geboren wurde. Wenn ich nie geboren wurde, wie kann ich existieren? Was existiert? Wer existiert?" Du wirst sehen, es ist der Verstand, der existiert. Der Verstand will Existenz, er will Stärke, er will Kraft. Er lässt dich glauben, du seist der Körper. Frage dich: „Zu wem kommt der Verstand? Wer hat ihn geboren? Was ist seine Quelle?", und dann bleibe still. Du wirst anfangen zu lachen, weil du anfängst zu fühlen, wenn auch nur für einen kleinen Moment, dass es keinen Verstand gibt. Du wirst tatsächlich No-Mind spüren. Am Anfang wird es vielleicht nur einen kurzen Moment andauern. Doch wenn du täglich übst, werden diese Momente von No-Mind größer.

Mache weiter und sage: „Ich werde nie verschwinden." Nun lachst du wieder, weil du erkennst, dass etwas, das nie existiert hat, verschwindet. Ich bin No-Mind – wie kann ich dann verschwinden? Das wird sehr bedeutsam für dich, und während du das täglich praktizierst, wirst du wacher und wacher, und etwas passiert, das so schön ist, dass ich es nicht beschreiben kann. Du fühlst unendlich viel Liebe, Freude, Harmonie, Glückseligkeit. Und dann machst du weiter damit.

Habe ein tiefes Gefühl und erkenne, dass du ungeboren bist, nicht existierst und nie verschwinden wirst. Du wirst nie sterben. Denke darüber nach. Denke einfach daran, dass du nicht geboren wurdest. Es gibt keine Ursache für deine Geburt. Ursachen existieren nicht. Du bist nie geboren. Und was deine Existenz angeht, es gibt sie nicht. Du existierst nicht von der Geburt an bis zum Tod. Nichts geschieht. Absolut nichts. Und du wirst nicht älter, du verschwindest nicht und du stirbst nicht. Denke darüber nach. Wie frei wirst du sein, wenn du verstehst, was das bedeutet? Es ist ein wunderschönes Gefühl, zu wissen, dass du nie geboren wurdest, dass du immer existiert hast, aber nicht in der Art, wie du immer dachtest. Dein Leben, so wie es jetzt gerade ist, egal was du gerade zu tun glaubst, wie wichtig es für dich auch sein mag, ist total bedeutungslos. Warum? Weil es bald vorüber sein wird. Also egal wofür du dich gerade interessierst, was immer dich begeistert, es ist nur für kurze Zeit.

Nimm Elvis Presley. Die Leute erinnern sich immer noch an ihn. Aber wird sich jemand in fünfhundert Jahren an ihn erinnern? Nimm die großen klassischen Musiker, Bach, Schubert, jeden anderen, Rachmaninoff. Jetzt sind sie wichtig für dich, aber in fünfhundert Jahren wird sich niemand mehr an sie erinnern. Alles wird so anders sein, als wärest du in einem anderen Universum.

Der Punkt ist also der: Wenn du zu sehr in diese Dinge verwickelt wirst, verfehlst du das Ziel, weil du deine wahre Natur nicht verstehst. Du verstehst nicht, wer du wirklich bist. Du solltest nach der Bedeutung für dich suchen und achtzig Prozent deiner Zeit damit verbringen. Ich weiß, das ist für die meisten nicht leicht, weil sie in das Leben verwickelt zu sein scheinen. Und doch, du kannst es tun. Es ist egal. Du musst dir keine besondere Zeit für Meditation nehmen. Du kannst das tun, während du Auto fährst, während der Arbeit oder während du Musik spielst. Sei dir einfach deiner selbst gewahr, dessen, der du wirklich bist, und erkenne, der Rest ist Projektion deines Verstandes. Wir wurden nicht geboren. Wir haben keine Existenz. Zwischen Geburt und Tod haben wir keine wirkliche Existenz. Und wir sterben nicht. Es gibt kein Verschwinden. Dir dieser Wahrheiten bewusst zu sein, macht dich frei. Einfach dir dessen bewusst sein.

Wie würdest du das zusammenfassen? Dass wir nicht existent sind oder dass wir ohne Anfang und ohne Ende sind?

Beides ist richtig. Wir haben keine Ursache.

Du sagst also, dass Existenz auf eine relative Ursache hindeutet und nur in einer relativen Welt stattfindet und wir nicht wirklich Teil davon sind.

Ja, genau.

Und Nicht-Existenz?

Nicht-Existenz existiert auch nicht.

Könnte man dann nicht sagen, der Verstand existiert gar nicht?

Nichts, was man erklären kann, existiert.

Aber vorher hast du gesagt, dass alles vom Verstand kommt.

Ja, du projizierst das Bild.

Aber dann gibt es einen Verstand.

Es gibt keinen Verstand.

Ich denke, er meint alles auf der Ebene der Welt.

In der relativen Welt. In Wirklichkeit gibt es keinen Verstand. Es scheint nur so. Der Verstand projiziert das gesamte Universum. Wenn du den Verstand los wirst, gibt es kein Universum. Wir müssen den Verstand töten. Dann ist das ganze Universum ausgelöscht, weil es der Verstand ist, der das Universum projiziert und uns all diese Geschichten erzählt.

Denke einen Moment an all die Probleme, die du zu haben glaubst. Denke an das, was dich plagt. Du kannst mir vier Stunden lang deine Geschichten erzählen. Dies ist falsch und das ist falsch. Es ist alles eine Projektion des Verstandes. Indem du den Verstand loswirst, hört alles auf, und Schönheit und Freude und Glückseligkeit folgen. Aber du überdeckst diese Schönheit und Freude und Glückseligkeit, wenn du dir Sorgen machst, wenn du glaubst, irgendwo ist etwas falsch.

Wenn du sagst, wir sind nicht geboren und sterben nicht, ist das das Gleiche wie zu sagen nichts existiert?

Ja, das stimmt. Nichts existiert so wie du denkst oder wie es erscheint. Es scheint zu existieren, wie ein Traum. Ein Traum erscheint sehr real. Aber gibt es eine Schöpfung im Traum? Gibt es ein Ende? Alles beginnt einfach und endet, sobald du aufwachst. Mit der Welt ist es genauso.

Man sollte nicht sagen nichts existiert, weil sogar 'existiert' eine Idee ist.

Es ist eine Idee. Auch sie muss am Ende verschwinden. Am Anfang, wenn du dich selber findest, erkennst du: „Ich existiere". „ICH BIN WAS ICH BIN," bedeutet: Ich existiere. Es ist dasselbe. Aber dann findest du heraus, wer das Ich ist, das existiert, und du folgst ihm. Und auch das muss vergehen, alles muss vergehen. Der normale Mensch wird jetzt denken: „Wenn alles vergeht, was bleibt dann übrig?" Was übrig bleibt, ist Alles. Du als dein Selbst bleibst, und das ist jenseits von Erklärungen. Dann wendest du dich wieder dir selber zu, und du wirst demütig, mitfühlend, liebevoll, weil du gewahr bist, dass du das ganze Universum bist. Und du kannst sagen: „Alles ist das Selbst und ich bin Das."

Ist das eine Erfahrung?

Das ist eine Erfahrung und trotzdem jenseits von Erfahrung. Es ist eine Offenbarung, die immer mit dir bleibt. Man kann es Sahaja Samadi nennen, wenn du die ganze Zeit im Selbst verweilst. Aber es ist unaussprechlich, jenseits von Worten.

Ist es egal, wie tief die Erfahrung ist?

So etwas wie tief gibt es nicht. Tief ist ein Konzept des Verstandes. Entweder bist du Das oder du bist es nicht.

Schau, wenn du dich an diese Dinge erinnerst, werden sie dich über den Ozean der Samsaras ins Land der Selbst-Verwirklichung tragen. Aber du musst immer wieder an diese Dinge denken. Das zweite Prinzip ist: Du bist nicht geboren, du existierst nicht und du verschwindest nicht. Mit anderen Worten du wurdest nie geboren, das Leben, das du erfährst, existiert nicht und du wirst nicht sterben. Du bist immer schon gewesen. Was ich damit sage ist, dass es keine Ursache für irgendetwas gibt.

Lass uns zum Beispiel über Schöpfung sprechen. Wie begann die Schöpfung? Was ist ihre Ursache? Die Bibel sagt natürlich Adam und Eva. Das ist eine nette Geschichte, wenn du Geschichten magst. Aber wenn wir über Realität sprechen: Sie entstand aus dem Nichts. Was kam zuerst, der Samen oder der Baum, das Huhn oder das Ei? Du kannst sagen: „Ich wurde geboren. Meine Mutter und mein Vater haben mich geboren." Gut, nun geh den ganzen Weg zurück. Wer waren die ersten Eltern? Genauso wie: Was kam zuerst, der Baum oder der Samen? Es ist verblüffend.

Sieh dir deine Träume an. Wie erschaffst du einen Traum? Beginnt er mit einem Anfang? Sobald du anfängst zu träumen, gibt es keine Schöpfung. Der Traum beginnt einfach. Alles ist schon da. Die Bäume, der Himmel, die Erde, die Blumen, das Gras, Menschen, Insekten, Vögel, Blumen, alles erscheint einfach. Stirbt es am Ende? Du wachst einfach auf und alles ist vorbei. Und wir hier leben den sterblichen Traum. Wir glauben an unsere Körper, an unsere Existenz. Wir glauben, die Welt sei real, der Verstand sei real, unsere Erfahrungen seien real und wir verwickeln uns darin wie in einem Film. Du weißt, du bist nicht der Film. Du schaust dir den Film an, er hört auf und du gehst nach Hause. Je mehr du dich in weltliche Situationen verwickelst, in dein Selbst, das kleine Selbst, in deinen Körper und deinen Verstand, desto mehr wirst du in die Unwissenheit gezogen.

Du musst dich vom Maya lösen. Und jeden Tag daran denken, dass du ungeboren bist, kein persönliches Leben hast, nicht existierst und nicht verschwinden wirst – nur an diese Dinge zu denken macht etwas mit dir. Du beginnst, dich anders zu fühlen. Du beginnst, dich lebendig zu fühlen. Aber nicht als ein Körper – als Allgegenwärtigkeit. Du beginnst, Moses zu verstehen, als er sagte: „ICH BIN WAS ICH BIN." Du beginnst, dich frei zu fühlen, unbefleckt. Deine Vergangenheit ist aufgelöst, weil sie nie existiert hat. Du hast keine Vergangenheit. Es gibt keine Ursache. Alles ist eine Manifestation deines Verstandes. Wenn du darüber nachdenkst, wirst du total frei werden.

Prinzip Nummer Drei

Du bist dir bewusst und hast ein tiefes Verständnis der Egolosigkeit aller Dinge. Nichts hat ein Ego. Ich spreche nicht nur von empfindungsfähigen Wesen, ich spreche vom Mineralreich, vom Pflanzenreich, vom Tierreich, vom Menschenreich. Nichts hat ein Ego. Es gibt kein Ego. Erkennst du, was das bedeutet? Es bedeutet, dass alles heilig ist. Alles ist Gott. Nur wenn das Ego kommt, verschwindet Gott oder was wir „Gott" nennen. Alles wird Gott. Du hast Ehrfurcht vor allem. Wenn kein Ego da ist, hast du Ehrfurcht vor allem und jedem.

Du musst dir also der Egolosigkeit aller Dinge bewusst sein. Tiere haben kein Ego, Mineralien, Pflanzen und Menschen haben kein Ego. Es gibt keine Ursache, also kann es keine Wirkung geben. Es gibt nur Göttliches Bewusstsein und alles wird zu Göttlichem Bewusstsein. Wenn du also deine Mitmenschen und Tiere und alles andere als egolos sehen kannst, wirst du sie als dein Selbst sehen. Kannst du das nicht erkennen?

Nur das Ego verursacht Trennung. Wenn ich voller Ego bin, dann bin ich stark von mir eingenommen. Ich bin vollkommen getrennt. Je mehr du dich selber als Person magst, desto größer ist dein Ego. Du sagst: „Wie, ich soll mich nicht selber mögen?" Du sollst dich selber lieben, aber von welchem Selbst reden wir hier? Wir sprechen nicht über dein Körper-Selbst, weil das kommt und geht. Wir sprechen über dein beständiges Selbst, das schon immer existiert hat. Und dein beständiges Selbst bin ich, bist du, ist die Welt, ist das Universum, ist alles. Das ist dein beständiges Selbst.

Egolosigkeit. Du kannst deine Mitmenschen nur dann lieben, wenn du kein Ego hast. Daran kannst du erkennen, wo du stehst, ob du nahe an der Selbst-Verwirklichung bist. Das ist das Prinzip Nummer drei.

Etwas in mir fühlt und versteht die Egolosigkeit aller Dinge. All diese Prinzipen sind ähnlich. Bist du schon zu dieser Erkenntnis gekommen? Sie haben alle die gleiche Quelle – Nichts – aber du musst mit ihnen arbeiten, bis du dorthin gelangst. Ich fühle und verstehe die Egolosigkeit aller Dinge. Und wirklich ALLE Dinge, nicht nur einige, sondern ALLE Dinge, von der größten Galaxie zum kleinsten Atom. Nichts hat ein Ego. Und wenn es kein Ego hat, hat es keinen Ursprung, denn wenn es ein Ego hat, muss auch ein Ursprung da sein, und nur indem du diese großartige Wahrheit erkennst, wirst du augenblicklich frei. Es bläst deinen Verstand weg. Es ist wie ein Zen Koan. Plötzlich klickt irgendetwas in deinem Verstand und der Verstand verschwindet, weil er keinen Ursprung hat, denn es gibt kein Ego. Es hat nie existiert und du fühlst dich so gut.

Alles ist egolos. Nicht nur menschliche Wesen, sondern alles. Berge, Bäume, die Sonne, nichts hat ein Ego. Das bedeutet, es hat keine Existenz. Wo kam es also her? Wenn du träumst, wo kam der Traum her? Von nirgendwo. Aus falscher Vorstellung.

Ich verstehe den Ausdruck ‚falsche Vorstellung' nicht, weil das Wort Vorstellung bereits eine gewisse Unrichtigkeit beinhaltet.

Du stellst dir eine falsche Welt und ein falsches Ego vor.

Das ist eine etwas paradoxe Aussage.

Sicher. Das ist paradox. Weil es nicht existiert. Aber so stellen wir es uns vor. Darum gehe ich immer wieder zu dem blauen Himmel zurück. Jemand führt mich nach draußen und sagt:

„Schau den schönen blauen Himmel an." Ich stimme ihm zu, aber tief innen weiß ich, dass das nicht wahr ist. Es gibt keinen Himmel und kein Blau. Es existiert nicht. Oder die Oase in der Wüste. Das Wasser. Es existiert nicht. Es ist eine Fata Morgana. So ist es auch mit der Welt. Das Universum existiert nur im Traumzustand. Es ist wie ein Traum.

Kann man sagen ICH BIN ist nicht der Körper?

Ja, das kann man sagen. Doch ist es besser, das nicht zu oft zu benutzen, weil du es dann zu persönlich machst. Du hängst immer noch an dir selbst als Individuum. Wenn du in Büchern liest: „Ich bin nicht der Körper, ich bin nicht der Verstand", dann beziehen sie sich auf den universellen Körper und den universellen Verstand. Es gibt keinen Körper, niemanden, nichts existiert. Das klingt für den normalen Menschen absurd.

Nun magst du fragen: „Was bringt mir das alles?" Es bringt alles für dich, wenn du kreativ in der Musik, der Kunst oder sonst etwas bist. Du wirst ein besserer Musiker oder Künstler, ohne es zu wollen, ohne danach zu streben. Dein Körper wird tun, was er zu tun hat. Es wird keine karmischen Anhaftungen geben. Wenn du zum Beispiel ein großer Künstler oder Musiker oder Tischler bist oder ein großer Faulenzer oder ein großer Obdachloser und auf menschliche Weise damit umgehst, dann hält dich das auf der Erde fest und du wirst immer und immer wieder zurückkommen müssen, weil du dich selber erdgebunden gemacht hast. Siehst du das? Alles woran du festhältst, zieht dich zurück zur Erde, ob es gut ist oder schlecht. Egal ob du etwas hasst oder etwas liebst, es zieht dich zurück zur Erde. Du musst loslassen. Du lässt einfach los, wenn du weißt: „Ich bin mein Bruder und mein Bruder ist ich. Ich bin alles."

Egolosigkeit ist die Basis von allem. Alles hat kein Ego. Ich spreche nicht nur über empfindungsfähige Dinge. Alles. Das Mineralreich, das Pflanzenreich, das Tierreich, das Menschenreich und so weiter. Es gibt kein Ego dahinter. Das bedeutet, es gibt keine Ursache für seine Existenz. Und nur dadurch, dass du das richtig verstehst, wirst du immer im Moment leben. Es macht dich zentriert. Denke darüber nach, was es für dich persönlich bedeutet, dass es hinter allem kein Ego gibt. Es gibt keinen Grund, dass irgendetwas existiert. Wie mit dem Traum. Gibt es einen Grund für den Traum? Ganz plötzlich träumst du und alles existiert. Wo kam es her? Es kam aus dem Verstand. Es ist ein Traum. Und was ist der einzige Weg, aus dem Traum herauszukommen? Aufzuwachen! Das ist auch eine Art von Traum. Es hat keine Substanz. Alles ist vorübergehend. Kein Ego im Hintergrund.

Ich verstehe nicht ganz, dass kein Ego und keine Ursache dasselbe sein soll.

Es ist das Ego, was die Dinge real macht. Der Grund, dass dein Körper tut was er tut, ist dein Ego. Das Ego ist die Ursache für deine Körperfunktion. Wenn es also kein Ego gibt, gibt es keinen Mangel, keine Begrenzung, keine Krankheit, keinen Tod, es gibt nichts dergleichen.

Sind Ego und Verstand das Gleiche oder machst du einen Unterschied?

Sie können auf eine Weise gleichbedeutend sein. Zum Beispiel wenn du irgendeine Krankheit hast. Wenn du erkennst, da ist im Hintergrund kein Ego, keine Ursache, wo kam sie dann her? Sie kam nirgendwoher, also existiert sie nicht.

Also könnte man auch sagen, nichts existiert?

Bedeutet es dir etwas, wenn du das sagst? Schau, es muss für dich Bedeutung haben. Wenn du sagst, nichts existiert, dann werden dein Verstand und dein Ego kommen und kämpfen und sagen: „Was soll das? Schau, der Stuhl ist solide. Er existiert." Und du bist enttäuscht. Aber wenn du das ganze Prinzip verstehst, dass alles egolos ist, alles, dann existierst du nur im Moment, etwa so (schnippt mit den Fingern). Du existierst in der Sekunde, im Moment, und in dem Moment ist alles gut, alles entfaltet sich in diesem Moment wie es soll. Aber sobald du anfängst zu denken, gibt es Ursachen.

Somit ist die einzige Ursache der Denkprozess.

Genau. Du meinst, es ist schwierig, so zu denken, so zu sein, aber das ist es nicht. Nur indem du die Egolosigkeit von allem erkennst, wirst du aufwachen. Und du wirst frei werden.

Du musst die tiefe Erkenntnis und das tiefe Verstehen haben, dass nichts ein Ego hat. Noch einmal: Nichts hat eine Ursache. Es gibt keinen Grund für irgendetwas. Nichts existiert wirklich. Du bist kein Sünder. Du bist kein schlechter Mensch. Deine Vergangenheit ist tot, vergiss sie. Du bist wiedergeboren, jetzt, und alles ist Glanz und Freude. Das ist, was es bedeutet, wiedergeboren zu sein: Zu erinnern, dass du jetzt existierst, in diesem Moment. Nicht vor diesem Moment. Und kümmere dich nicht darum, was im nächsten Moment geschieht. Jetzt in diesem Moment existierst du als Reine Intelligenz, Allumfassende Liebe, Absolute Realität, Bedingungslose Einheit. Das bist du. In dieser Realität lebst du. Und noch einmal: Dadurch wirst du frei.

Prinzip Nummer Vier

Prinzip Nummer vier ist einfach dieses: Du hast die feste Überzeugung, das tiefe Verstehen, ein tiefes Gefühl davon, was Selbst-Verwirklichung von Höchster Weisheit wirklich ist. Was bedeutet Selbst-Verwirklichung von Höchster Weisheit für dich? Du wirst es nie wissen, indem du herauszufinden versuchst, was es ist, weil es Absolute Realität ist. Du kannst es nur erfahren, indem du herausfindest, was es nicht ist.

Also sagst du, es ist nicht mein Körper, es ist nicht mein Verstand, es sind nicht meine Organe, es sind nicht meine Gedanken, es ist nicht meine Welt, nicht mein Universum, es sind nicht die Tiere oder die Bäume oder der Mond oder die

Sonne oder die Sterne – es ist nichts von all dem. Wenn du alles durchgegangen bist und nichts übrig bleibt – das ist es. Nichts. Leere. Nirvana. Höchste Einheit.

Du sagst: „Ich nehme wahr und verstehe, was Verwirklichung ist. Ich weiß, etwas in mir versteht und fühlt, was Selbst-Verwirklichung ist", und du bleibst still. Glaube mir, die Antwort wird kommen. Der einzige Weg, das herauszufinden, ist Verneinen. Du kannst also sagen: „Es ist nicht die Sonne, weil die Sonne eine Projektion meines Verstandes ist. Es ist nicht der Mond. Es ist nicht mein Mann oder meine Frau, nicht mein Körper oder meine Organe. Es ist nicht Frieden. Es ist nicht Krieg." Alles was du aufführst, ist es nicht. Wenn du genug davon hast, Dinge aufzuführen, dann bleibst du still und das ist, was es ist. Alles ist Stille. Die vier Prinzipien und Stille sind dasselbe. Nun, was ist Nummer vier?

Es hat zu tun mit „wir sind nichts".

(Lachen) Alles hat damit zu tun. Aber eigentlich bedeutet es, zu verstehen und tief zu erkennen, was Selbst-Verwirklichung von Höchster Weisheit ist.

Was ist Höchste Weisheit im Gegensatz zu normaler Weisheit?

Es ist dasselbe. Es ist nur wortreicher. Es ist ein buddhistischer Ausdruck.

Sie haben so viele wirklich lange Ausdrücke.

Der achtfache Pfad. Und dann brauchen sie Jahre, um das zu erklären. Aber wenn du zu den höchsten Lehren kommst, ist da nichts. Also das vierte Prinzip ist: Der einzige Weg Selbst-Verwirklichung zu erkennen ist, zu wissen, was sie nicht ist. Und was immer übrig ist, das ist es. Also sagst du, es ist nicht der Körper, es ist nicht der Verstand, es sind nicht meine Organe, nicht meine Gedanken, es ist nicht die Welt, nicht die Sonne, nicht das Universum, es ist nicht Gott, es ist nicht die Schöpfung und so machst du immer weiter. Wenn dir der Atem und die Worte ausgehen – das ist es.

Ist es das, was der Ausdruck „neti,neti" bedeutet?

Ja.

Ist das langweilig? Wenn alles verschwindet und gar nichts mehr da ist?

(Lachen) Nein! Schau, das ist es, was die Leute denken. Darum habe ich vorher erklärt, dass der Verstand genau das sagen wird, weil er nicht ausgelöscht werden will. Er will dich vollständig beherrschen und kontrollieren. Weil das seine Natur ist. Das ist die Natur des Verstandes, der nicht existiert.

Wenn du meditierst, bist du dann völlig von der physischen Welt getrennt?

Wenn wer meditiert? Wenn ich persönlich meditiere? Nun, normalerweise meditiere ich nicht. Manchmal sitze ich mit geschlossenen Augen, einfach um meine Augenlider auszuruhen.

Weil niemand da ist, ja? Da ist niemand zum Meditieren.

Es muss jemand da sein, der meditiert. Das heißt nicht, dass du aufhören sollst zu meditieren. Du sollst dir diese vier Prinzipien anschauen und sie damit vergleichen, wo du gerade stehst, und an dir selber arbeiten, so dass du diese Prinzipien täglich anwenden kannst, bis der Tag kommt, an dem du nicht mehr darüber reden musst. Du wirst zur totalen Manifestation dieser vier Prinzipien. Du erkennst einfach; du wirst gewahr.

Nun, was ist das vierte Prinzip?

Keines dieser Prinzipien existiert.

Du hast Recht. Normalerweise tue ich so etwas nicht. Aber ich gebe euch diese Prinzipien, um euch zu helfen (lacht). Richtig. Sie existieren nicht. Aber solange du glaubst, dein Körper existiere, existieren auch sie. Solange du fühlst, dass die Welt existiert und dein Körper und der Verstand existiert, solange existieren auch diese Prinzipien. Und Karma existiert und Gott existiert und Schöpfung existiert.

Du musst eine starkes Gefühl und eine Einsicht haben, was Selbst-Verwirklichung bedeutet. Und was ist der einzige Weg, das zu tun? Erinnert ihr euch?

Die anderen drei Prinzipien praktizieren?

Das hilft. Indem du einsiehst, was es nicht ist. Du kannst nicht wissen, was Selbst-Verwirklichung ist, weil du schon Das bist. Aber du kannst wissen, was es nicht ist. Du eliminierst alles andere und was übrig bleibt, ist Selbst-Verwirklichung. Du kannst es nicht erklären, also negierst du es. Mit anderen Worten, du denkst daran, was es nicht ist. Selbst-Verwirklichung ist nicht die Welt, nicht das Universum, nicht mein Körper, sie ist nicht irgendetwas, woran ich denken kann. Sie ist nicht mein Verstand. Was ist dann Selbst-Verwirklichung? Welche Antwort dir auch immer kommt, sie ist falsch, denn es gibt keine Antwort. Es gibt keine Worte, die es beschreiben könnten. Vergiss deine Intelligenz. Menschliche Intelligenz stinkt. Sie existiert nicht. Warum? Weil sie mit dir stirbt. Wir sprechen hier über etwas, das ewig ist, das schon immer gewesen ist und immer sein wird.

Ihr müsst euch dieser Prinzipien gewahr werden. Ich gebe euch diese Dinge aus großem Mitgefühl heraus, damit ihr jeden Tag etwas zu tun habt, abgesehen von Fernsehen oder Comics lesen. Denkt, aber nicht intellektuell.

DU BIST NICHT DIE WELT

Das hier ist kein formeller Vortrag. Ich kann nur über meine eigenen Erfahrungen sprechen, nicht über etwas Angelesenes. Ich kann euch sagen, dass nichts so existiert wie es erscheint. Alles ist Erscheinung. Wir werden in diese Erscheinung hineingezogen, das ist die Falle. Wir reagieren darauf. Wir fühlen uns verletzt, wir fühlen uns verleumdet. Wir glauben, etwas sei falsch. Wir haben negative Gefühle, weil wir von einer falschen Voraussetzung ausgehen – nämlich dass die Welt real ist.

Tatsächlich ist weder die Welt real noch du. Wir müssen aufhören, auf irgendetwas zu reagieren. Der einzige Weg das zu tun ist der, zu entdecken, wer du bist. Wenn du deine wahre Natur entdeckst, wird alles total klar. Du bist im Frieden. Wenn etwas funktioniert, funktioniert es, wenn nicht, dann nicht. Dann wandeln sich deine Gefühle. Du fühlst überhaupt nicht mehr, was menschliche Wesen fühlen. Du empfindest einfach große Liebe und Mitgefühl für alles. Du weißt, die Grundsubstanz der Existenz sind Harmonie, Frieden, Leere. Du fühlst dich immer wunderbar. Was kann dich stören, wenn du im Frieden bist? Wenn du wahren Frieden findest, was kann dich dann noch stören?

Die Welt kommt und geht. Ein Tag ist so, der nächste so. Aber was hat das mit dir zu tun? Nichts. Du bist frei, du bist nicht die Welt. Du bist nicht dein Körper, du bist nicht dein Verstand. Du bist totale Freiheit, totale Freude, totale Liebe. Du musst zu dieser Tatsache aufwachen – es ist die Wahrheit.

Wir reden viel und handeln viel, aber was nützt es? Bedeutet es am Ende etwas? Wir bauen uns unser Leben, wir erreichen Positionen, wir ziehen Kinder auf, und was geschieht am Ende? Puff! Alles ist vorbei. Alles verschwindet (Robert lacht). Da ist nichts. Wozu also das alles?

Die Leute sagen: „Ich muss diese Welt für meine Kinder verbessern." Sie träumen. Die Welt wird nie besser oder schlechter sein. Die Welt ist ein Traum der Existenz, an einem Tag so, am nächsten Tag anders. Aber du bist nicht die Welt. Erwache zu dieser Tatsache.

Du bist nicht deine Gedanken, du bist nicht dein Karma, du bist nicht deine Neigungen aus der Vergangenheit. Dinge erscheinen real, solange du an sie glaubst. Wenn ich an den Teufel glaube, dann wird er mir erscheinen. Ich werde ihn selbst erschaffen. Wenn du an Gott glaubst, wird Gott dir erscheinen. Ramakrishna glaubte an die Göttin Kali. Kali wurde sehr real für ihn. Er tanzte und sang mit Kali (Robert lacht). Er erschuf Kali. Darum konnte niemand außer ihm Kali sehen. So erschaffen wir unsere Leben.

Denke an die Dinge in deinem Leben, vor denen du Angst hast. Du hast Angst, krank zu werden. Du hast Angst vor Armut. Du hast Angst, geschieden zu werden und Angst zu heiraten. Wovor auch immer du Angst hast, es ist ein Konzept, das dein Verstand geschaffen hat. Es ist nicht die Frage, ob du heiraten sollst oder nicht. Das ist egal. Wichtig ist, wie du darauf reagierst und was du erwartest. Das gilt für jeden Aspekt in deinem Leben. Das zu glauben ist dir von Kind an beigebracht worden. Deine Lehrer, deine Eltern, die Außenwelt, alle haben Gehirnwäsche mit dir betrieben. Und da bist du nun.

Du bist voll von Ideen, Konzepten, Emotionen, Haltungen, und das macht dich zu dem, was du bist – unglücklich (Gelächter). Sobald du aufwachst, verschwindet das alles. Nichts Destruktives kann dir je widerfahren. Absolut nichts kann dich zerstören. Du kannst nicht zerstört werden. Dein Körper mag zu verschwinden scheinen, aber das ist wie ein Traum. Du träumst, dass du etwas tust, dann wirst du erschossen und du stirbst. Und dann wachst du auf.

Ich frage dich: „Was glaubst du über dich selbst und die Welt? Was ist dir am wichtigsten?" Ich denke, der wahre spirituelle Weg sollte in deinem Leben an erster Stelle stehen. Warum? Weil er dich aufweckt. Gleichgültig was für ein gutes Leben du lebst, du magst die reichste und berühmteste Person der Welt werden – eines Tages wirst du die andere Seite der Medaille erfahren und der ärmste und unglücklichste Mensch auf Erden sein. So läuft es. Du magst sagen: „Mein Nachbar hat nie irgendwelche Probleme. Es sieht aus, als wäre er in einen Topf voll Gold gefallen. Alles was er anfasst, wird zu Geld. Er ist glücklich wie ein Pferd. Er hat eine wunderschöne Frau, ein großes Haus, alles was er brauchen könnte, und nun schau mich an! Du weißt, das Leben von solchen Typen hat sich in vierzig Jahren nicht geändert."

Du ziehst deine eigenen Schlüsse. Er muss das karmisch verdient haben, und wenn er nicht davor zurückweicht, wird er möglicherweise sein ganzes Leben in Güte, in menschlicher

Güte verbringen. Aber dann wird er wieder heruntergezogen vom Gesetz des Karma, welches in seinem Verstand wirkt. Aber das weiß er nicht, und beim nächsten Mal wird er vielleicht ein Obdachloser sein. Was immer er dann tut, er wird nicht fähig sein, einen Penny zu verdienen. Er wird sein Bestes versuchen und trotzdem immer arm sein. Darum sollten wir nie urteilen. Du hast keine Ahnung, was dein Nachbar durchmacht. Sage nie, er oder sie hat ein wunderbares Leben – und ich? Warum bin ich arm, warum bin ich krank, warum bin ich so oder so? Es geht darum, aufzuwachen. Bemitleide dich nicht, vergleiche dich nicht mit anderen, sondern wache auf.

Wenn du aufwachst, geschieht etwas Unbeschreibliches. Es gibt keine Worte, es zu erklären. Wenn du aufwachst, verstehst du, du weißt, du fühlst und – diese Worte sind alle unzulänglich – du wirst Göttliche Harmonie. Du lässt dich nicht mehr durch Personen, Orte oder Dinge hereinlegen. Du reagierst nicht mehr.

Beispielsweise erzählt dir jemand, du hättest fünfzig Millionen Dollar im Lotto gewonnen. Aber du wirst nicht zum Sklaven davon. Jemand erzählt dir, du hättest fünfzig Millionen Dollar verloren. Das Gleiche, die gleiche Reaktion, du wirst nicht zum Sklaven davon. Es ist egal, was im menschlichen Leben geschieht. Wenn du weißt, wer du bist, brauchst du nicht zu sagen, dass es egal ist. Du existierst einfach. Du existierst als du selbst. Du bist in Frieden. Niemand kann diesen Frieden von dir nehmen, egal wie sehr sie es auch versuchen mögen. Du lässt dich von nichts mehr hereinlegen.

Du kümmerst dich um dich selbst. Du kannst von dir selber geben, weil du dein lebendiges Selbst wirst. Daher kannst du dich sogar selber weggeben und bist immer noch da, denn du bist zum Grenzenlosen Selbst geworden, zur Göttlichen Mutter, zur Allgegenwärtigkeit, zur Totalen Einheit mit allem. Du kannst von dir selber geben und bist doch immer da.

Als Ramana Maharshi bestohlen wurde, wollten seine Schüler die Diebe ergreifen, aber er sagte: „Nein, nein, nein. Es ist unser Dharma, zu sein was wir sind, und es ist ihr Dharma zu sein, was sie sind. Wir sollten uns nicht in ihr Dharma einmischen, deshalb gebt ihnen, was sie haben wollen." Das ist sehr tiefgründig. Wir sind spirituelle Menschen. Die Welt nicht. Wir handeln in Übereinstimmung mit spirituellen Prinzipien.

Was das wirklich bedeutet ist: Wir sind als menschliche Wesen die Letzten, nicht die Ersten. Das meinte Jesus, als er sagte: „Die Ersten werden die Letzten und die Letzten werden die Ersten sein." Du musst große Demut entwickeln. Sehne dich nach nichts. Wünsche dir nicht, reich zu sein oder berühmt oder groß, aber sage auch nicht, ich will arm sein und nichts haben. Beides ist beides. Sei einfach du selbst. Wenn du du selbst bist, wirst du überrascht sein, wie das Universum sich um dich kümmert.

Es ist wie mit dem Körper und Vitaminen und Medizin. Dein Körper ist eine natürliche Heilfabrik und fähig, sich selbst zu heilen. Wenn wir zu viele Vitamine und Medizin nehmen, sagt der Körper: „Gut, du hast das zu deinem Gott gemacht, nun bist du abhängig davon." Und dann wirst du für den Rest deines Lebens Vitamine nehmen müssen oder du wirst krank. Denke darüber nach.

Du bist abhängig davon, dass du dich selbst um alles kümmerst. Nun, dein Selbst bist du. Es gibt nur ein Selbst, also kümmern wir uns umeinander. Hast du je darüber nachgedacht? Wenn du an andere denkst, machst du einen Fehler. Eines Tages wird das Gefühl auftauchen, dass du alle anderen bist. Es gibt keine anderen, es gibt nur das Selbst, das als andere erscheint. Wie gehst du also mit anderen um? So wie du mit dir selbst umgehst. Du denkst nicht darüber nach. Du denkst nicht, diese Person ist wertvoll und jene Person nicht, also werde ich dieser Person helfen und nicht der anderen. Du gibst automatisch von dir selbst. Du denkst nicht darüber nach, weil alles du selbst bist, und das beinhaltet das Mineralreich, das Tierreich, das Menschenreich und alles andere, das du nicht verstehst. Sie sind alle Teil des Einen. Was du dem Einen antust,

tust du allen an. So wie du eine Person behandelst, so behandelst du das ganze Universum, weil alles Eins ist.

Nun, die vier Prinzipien, die ich euch gegeben habe, haben mit all diesen Dingen zu tun. Denkt einmal gut darüber nach.

Du bist nicht deine Probleme

Die meisten von uns haben viele Jahre nach der Wirklichkeit gesucht. Wir waren bei vielen Lehrern, vielen Gruppen. Aber wir haben immer noch keinen Frieden gefunden. Warum? Weil wir suchen. Das ist eine direkte, knappe Antwort. Weil wir nach etwas suchen. Egal wie oft ich betone, dass es nichts zu suchen gibt, die Leute suchen immer noch. Manchmal wäre es besser, alle Bücher zu zerreißen. Bücher dienen nur zur Motivierung, um uns wissen zu lassen, dass es etwas anderes gibt. Aber es kommt eine Zeit, wo wir nach innen gehen und versuchen müssen zu verstehen, was dieser Körper wirklich ist. Die Wahrheit ist natürlich keine Lehre. Ich philosophiere nicht. Ich habe keine Lehre, keine Regeln. Ich bekenne einfach, und das bedeutet für die meisten Leute gar nichts. Aber wir versuchen ja auch nicht, die meisten Leute anzuziehen. Diejenigen, die etwas in ihrem Herzen fühlen, werden immer zum Satsang kommen. Und sie werden sich immer zu einem Lehrer hingezogen fühlen, den sie mögen.

Ich betrachte mich selbst nicht als Lehrer oder Guru. Ich betrachte mich als gar nichts. Aber, die Realität, die übrig bleibt, ist deine Realität. Sie ist Allgegenwärtigkeit. Da ist eine uneingeschränkte Realität, genau hier, genau jetzt. Hier sind keine Körper. Was ihr seht, ist eure Sache. Wenn ihr andere seht, liegt ihr falsch. Da waren nie andere. Wir suchen immer nach irgendetwas. Wir wollen den richtigen Lehrer finden. Der richtige Lehrer ist da, wo ihr seid. Person, Ort oder Ding ist nicht der richtige Lehrer. Wahrscheinlich habt ihr den Film Siddartha gesehen, er fand den Fluss und den Frieden des Waldes. Sogar das ist falsch, weil er den Fluss ernst nahm und zuviel aus dem Wald machte. Er war der Wald. Er war der Fluss. Was wir suchen, ist totaler Unsinn. Es gibt nichts zu suchen.

Ich bekomme so viele Anrufe. Die Leute erzählen mir ständig ihre Probleme. Und ich weiß wirklich nicht, was ich darauf antworten soll. Wem soll ich meine Probleme erzählen? Es gibt einfach keine Probleme. Es gibt keine Probleme. Nun magst du sagen: „Wenn er nur meine Probleme kennen würde." Aber wenn du im Moment lebst: Gibt es jetzt ein Problem, in dieser Sekunde? Da ist nichts. Und nichts ist deine wahre Natur. Ein Problem entsteht, wenn du anfängst zu denken. Aber wenn du lernst, nicht zu denken, wo ist das Problem? Wir müssen also den Verstand leer machen und ihn dann loswerden. Und wir können den Verstand nicht durch Denken leer machen, nur durch Beobachtung. Nur wenn kein Gedanke da ist, ist die Realität da. Es macht keinen Sinn, wenn du dir sagst: „Ich bin Parabrahman, Absolute Realität. Ich bin ungeboren." Das sind nur Worte. Und im nächsten Moment hast du ein Problem, du hast eine Emotion. Du fühlst, dass etwas falsch ist. Aber du beteuerst weiterhin: „Ich bin ungeboren. Ich bin die Absolute Realität." Es ist besser, nichts zu sagen, nichts zu glauben, nichts zu sein, und das bedeutet, du selbst sein. Es ist besser, einfach zu sitzen und an nichts zu denken und zu versuchen, nichts zu werden, als Mantren zu singen oder Affirmationen zu machen oder zu sagen: „Ich bin Brahman." Einfach indem du sitzt, wirst du du selbst werden.

Kann man sagen, das Selbst ist real, oder ist „real" ein Begriff, der nicht existiert?

Wenn du sagst, das Selbst ist real, meinst du es nicht wirklich ernst. Wenn du es ernst meinen würdest, bräuchtest du es nicht zu sagen. Aber du kannst es sagen, wenn du wirklich du selbst bist, weil du dich dann besser fühlst. Es hilft dir zu leben. Es ist besser als zu sagen: Meine Welt ist real oder meine Probleme sind real. Es ist besser, zu sagen: Das Selbst ist real.

Was ist besser als zu sagen, dass Nichts real ist?

Bleibe still. Sage nichts. Wenn du dir selber die Frage stellst: „Wo kommt mein Verstand her oder wo kommen meine Probleme her?" und du dann still bleibst, das ist real. Die Leere ist real.

Ist nicht die Leere das Gleiche wie das Selbst?

Ja, aber wenn du sprichst, verdirbst du es zu einem gewissen Grad.

Das ist richtig, weil das Selbst nicht weiß.

Wenn du sagst, das Selbst ist real, wird es persönlich. Wenn Stille da ist, wird es allgegenwärtig.

Stille ist immer das Beste, nachdem du dir all diese Dinge gesagt hast. In der Stille lösen sich deine Probleme einfach auf. Versuche es. Es funktioniert wirklich. Wenn du, nachdem du viele solcher Sachen gesagt hast, still bleibst, werden sich deine Probleme von alleine auflösen. Denke nicht: „Ich werde meine Probleme los", das wird sie eher vergrößern. Denke nicht über die Probleme nach, sondern arbeite an dir selbst, um deine eigene Realität zu sehen, und dass es in Wahrheit keine Probleme gibt.

Für die meisten Leute sind Probleme sehr real, egal wie oft ich das sage. Die Probleme halten sie fest wie in einem Schraubstock. Sie fühlen ihre Probleme wirklich. Solchen Leuten sage ich: „In dem Maße wie du realisieren kannst, dass dein Verstand deine Probleme erschafft und du in Wahrheit keinen Verstand hast, in diesem Umfang beginnen sich die Probleme aufzulösen." Wiederhole das morgens beim Aufwachen, sobald du deine Augen öffnest. Gehe nicht gleich alle vier Prinzipien durch. Nimm dir eins nach dem anderen vor, auch wenn du nicht an dem Morgen zum zweiten kommst. Verbringe eine oder zwei Stunden mit dem ersten, das ist gut. Dies kannst du, wenn nötig, dein ganzes Leben lang machen, anstatt dich über deine Probleme zu sorgen. Nimm eins nach dem anderen vor.

Da sind zwei Dinge, über die du gesprochen hast und mit denen ich Schwierigkeiten habe. Eins der Dinge, die du gesagt hast ist: Kümmere dich nie um ein Problem.

Richtig.

Ich weiß, wir sollten uns auf die positiven Dinge konzentrieren, von denen du gesprochen hast, das ist das Wichtigste an der Lehre, wir sollten großen Wert auf all die Dinge legen, von denen du heute gesprochen hast. Und doch ist in dieser Zeit, in der wir uns gerade befinden während wir diese Aussagen machen und uns auf dieses Ziel zu bewegen, das ich auch akzeptiere, eben dieses Leben zu leben. Wir müssen uns mit bestimmten Dingen auseinandersetzen. Wenn du sagst, kümmert euch nicht um Probleme, dann kommt es mir so vor, als wenn gerade das zu enormen Problemen führt.

Im Gegenteil. Du trennst beides. Du kategorisierst. Es gibt nur Eins. Nimm zum Beispiel an, jemand hat dich betrogen und du bringst ihn vor Gericht. Wenn du jemanden vor Gericht bringst und in so etwas verwickelt bist, dann sendest du eine Energie aus. Sogar wenn du diesen Fall gewinnst, wirst du noch jemanden vor Gericht bringen müssen und noch jemanden, und es hört nie auf. Du hast ein Muster für dich geschaffen. Wenn du aber anders damit umgehst und die Wahrheit über dich kennst, dann kennst du auch die Wahrheit über den Typ, der dich betrogen hat, weil ihr beide eins seit.

Robert, ich möchte dir noch ein anderes Beispiel geben. Also, wir bleiben z.B. alle hier und wir haben kein Geld. Morgen früh sind wir alle hungrig, kümmern uns aber nicht um dieses Problem. Der Hunger wird immer größer, bald können wir an nichts anderes mehr denken. Schließlich erinnern wir uns an nichts mehr, wovon du gesprochen hast, weil wir so extrem hungrig sind.

Deine erste Annahme ist falsch. So funktioniert das nicht. Es würde so nie funktionieren. Wenn du hungrig bist, wird etwas geschehen, das deinen Hunger befriedigt. Du denkst daran, dich hinzusetzen und gar nichts zu tun. So funktioniert es nicht. Wenn du die Wahrheit kennst, wird jemand an die Tür klopfen und dir Essen bringen.

Etwas wird sich um dich kümmern. Alles war schon vorherbestimmt, als du auf diese Erde kamst. Und alles ist sich bewusst, wie man sich um dich kümmern muss und was du durchzumachen hast. Aber es hat nichts mit dir zu tun. Das Geheimnis ist, reagiere nicht. Tue einfach, was getan werden muss. Und du wirst tun, was getan werden muss. Du kannst nichts daran ändern.

Vor ein oder zwei Wochen brachte ich das Beispiel über den Holokaust. Erinnere dich, ich sagte, dass die Haltung der Juden und besonders der Rabbis die war, dass Gott in den Nazis lebte. Gott hat sich in Auschwitz und den anderen Stätten manifestiert und wir müssen uns damit abfinden. Würdest du sagen, dass das die Haltung ist, die die Juden hätten haben sollen?

Im Gegenteil, denn das ist eine Haltung. Ich rede nicht über Haltungen. Ich rede über Verwirklichung. Die Bibel lesen und Bemerkungen zu machen ist eine Sache. Eine lebende Verkörperung der Wahrheit zu sein, eine andere.

Es macht einen Unterschied, ob du die Wahrheit kennst oder andere einfach auf dir herumtrampeln lässt. Das bedeutet nicht, dass du zum Fußabtreter wirst. Du wirst für niemanden zum Fußabtreter. Du verweilst im Selbst. Wenn du im Selbst verweilst, wird alles o.k. sein. Du bist kein Feigling. Du läufst vor nichts davon. Du verweilst im Selbst. Und wenn du ein Schwert benutzen und kämpfen sollst, wirst du das tun. Wenn du rennen sollst, wirst du rennen. Aber du wirst das tun, was du zu tun hast. Es hat nichts mit dir zu tun. Es ist anders als du denkst. Es ist nicht so, wie du denkst.

Damit sagst du, man soll sich um die Probleme kümmern.

Im Gegenteil, wenn du zur Wahrheit wirst, wird das Problem sich um sich selber kümmern.

Ja, aber du sprichst von einem Zustand, den wir anstreben, und ich glaube, dass das auch geschehen würde, aber wir sind nicht in diesem Zustand. Wir sind noch nicht ganz in diesem Zustand, weil wir ihn nicht vollkommen fassen und manifestieren können.

Wenn du es persönlich nimmst und an dir arbeitest, wie ich es erklärt habe, wirst du das tun, was richtig ist. Du wirst nicht passiv sein.

Theoretisch macht das alles Sinn. Aber in der tatsächlichen Praxis bin ich verwirrt.

Wenn es Sinn machen würde, wäre es nicht die Wahrheit (Alle lachen).

Du hast also nicht wirklich gesagt, wir sollen uns nicht um die Probleme kümmern, sondern nur einfach erkennen, dass der Körper nicht existiert. Der Körper wird von alleine das Richtige tun.

Solange du gewahr bist, dass er nichts mit dir zu tun hat. Du bist nicht dein Körper, du bist nicht dein Verstand, du bist nicht die Situation, du bist von allem frei.

Ich habe keine Schwierigkeit mit dem Konzept, der Idee, dem Ziel und der abstrakten Realität. Ich spreche über diese Zwischenzeit in unserem alltäglichen Leben. Darum spreche ich all diese Probleme an und das Essen als Beispiel dafür, womit wir uns jeden Moment beschäftigen müssen.

Dein Körper und dein Verstand werden von Karma motiviert. Das Gesetz des Karma kümmert sich um sie. Aber du bist nicht dein Körper. Wenn du gewahr bist, dass du nicht dein Körper bist, wird das richtige Tun folgen.

Du meinst, man kann gewahr sein, dass man nicht der Körper ist, und doch geht der Körper los und holt Essen.

Genau.

Aber man wüsste, dass man nicht der Handelnde ist. Wenn man bewusst ist, sind das Schlüsselworte und man weiß, dass man nicht der Körper ist. Von meinem Verständnis her würde ich sagen, dass es Abstufungen von Gewahrsein gibt. Wenn man vollständig, absolut, total und ganz und gar gewahr ist, dass man nicht der Körper ist, dann gebe ich das zu. Aber da sind diese Stufen des Gewahrseins, und wenn man nicht in diesem speziellen Zustand ist, dann muss man dem Kaiser überlassen, was des Kaisers ist.

In Wirklichkeit gibt es keine Stufen. Entweder bist du oder du bist nicht. Wenn du denkst, du bist nicht, musst du dich selber bemühen. Wenn du denkst, du bist, dann denkst du über diese Dinge nach und gehst und tust etwas. Aber du wirst es nicht tun. Es wird sich selbst tun. Schau, wenn du sagst, das bin nicht ich, der das tut, dann glaubst du, du bist derjenige, du bist der Körper. Du sagst also nicht, das bin nicht ich, der das tut. Du fragst: „Zu wem kommt das?" Da ist ein Unterschied. Es hält „mich" total da heraus.

Welche Art von Antwort kann man erwarten, wenn man fragt, für wen das ist?

Keine Antwort.

Also, deshalb wäre die Handlung unpersönlich.

Genau. Wenn eine Antwort kommt, ist sie falsch. Schau, all die Jahre sind wir mit dem begrenzten Verstand umgegangen, mit unseren eigenen intellektuellen Prozessen, mit unseren vorgefassten Ideen, mit unseren Konzepten. Aber ich sage, wir müssen das alles transzendieren und einen neuen Teil von uns benutzen, der noch nie benutzt worden ist. Und das ist das Selbst. Wenn du im Selbst verweilst, wird alles o.k. sein. Alles wird funktionieren. Es hat nichts mit passiv oder gewalttätig sein oder mit etwas anderem zu tun. Es ist ein völlig neues Spiel. Du bist in Gottes Team und es wird sich wunderbar um dich gekümmert, aber es ist anders. Es gibt keine Worte, das zu beschreiben.

Man muss nach innen gehen, um es zu verstehen.

Ja, du hast ein tiefes Verständnis und ein tiefes Wissen, dass alles gut ist und alles sich entfaltet, wie es soll.

Was ich sagen wollte ist: Robert hat vorher darüber gesprochen, dass wir nicht der Handelnde sind. Die Erkenntnis, dass wir nicht der Handelnde sind, darüber hat auch Christus gesprochen. Das heißt, verweile mit dem Selbst, mit der Selbst-Erkenntnis, und der Körper wird tun, was immer karmisch notwendig ist. Aber die Erkenntnis, dass man nicht der Körper ist und dass man nicht der Handelnde ist, heißt nicht, dass nichts getan wird.

Gut, nun kommen wir zur Sache. Lass uns über morgen früh reden. Mein Körper/Verstand sagt, geh raus und versuche, Geld aufzutreiben, um Frühstück zu kaufen, aber während ich das tue, kann ich denken, dass ich das nicht tue. Ich gehe nicht raus, um Geld zu finden. Ich werde nicht essen.

Nein, nein, nein. Wenn du mit den Prinzipien arbeitest und dein Körper hungrig wird, wirst du automatisch und spontan Essen besorgen, aber du wirst nicht darüber nachdenken. Dein Verstand wird bei etwas anderem sein.

Nimm als Beispiel mein Leben. Wenn ich morgens aufstehe, habe ich keine Ahnung, was an diesem Tag geschehen wird, aber ich handle. Ich tue bestimmte Dinge, aber ohne Absicht, es geschieht spontan. Ich habe nicht gebeten, Klassen wie diese zu unterrichten. Es geschah. Ich habe nie um etwas gebeten. Es geschieht, weil mein Körper es spontan macht. Mein Verstand ist nicht gewahr, nicht darin verwickelt. Ich plane nicht, außer vielleicht ein paar Stunden in Venedig zu verbringen. Aber ich habe keine weiterreichenden Pläne. Alles geschieht. Ich weiß, es ist schwer, das anzunehmen.

Mein zweiter Punkt hat genau damit zu tun. Du erwähntest Ramana und dass er seinen Schülern sagte, sie sollten den Dieben geben. Aber hätte es nicht sein Dharma sein können, zu schützen?

Es war nicht sein Dharma, nicht sein Weg, nicht seine Wahrheit.

Ein anderer Lehrer hätte seinen Schülern befehlen können, die Diebe zu töten.

Das stimmt. In der Bhagavad Gita befahl Krishna Arjuna zu kämpfen. Es hängt von deinem Weg ab. Bemerke, dass Krishna nicht kämpfen musste. Er befahl Arjuna, zu kämpfen. Wenn du zum Höchsten kommst, ist Friede da. Es gibt keinen Grund, irgendetwas zu tun. Wer in der Kampfkunst bis zum höchsten Grad gelangt ist, macht gar nichts mehr. Er braucht sich nicht einmal mehr zu verteidigen. Er geht den anderen Weg, er akzeptiert, getötet zu werden. So weit war Arjuna nicht.

Die höchste Lehre besagt, dass sich um alles gekümmert wird. Ramana wäre als kleiner Junge gestorben, wären da nicht diese mysteriösen Kräfte gewesen, die für ihn sorgten. Er saß im Dschungel in einer Höhle und wusste nicht, wo sein Essen herkommen würde. Er dachte nicht einmal darüber nach. Es kam ihm nicht in den Sinn. Er saß tagelang dort, bis eine Frau kam und begann, ihn zu füttern. Wenn du Vertrauen und Glauben hast, dann kommt diese mysteriöse Kraft und kümmert sich um dich und versorgt dich mit allem was du brauchst.

Aber während man die Aufmerksamkeit auf den Geist richtet, muss man in der Welt funktionieren und mit Problemen umgehen.

Du sprichst von deiner eigenen Sichtweise. Du sprichst von Erscheinungen. So siehst du es jetzt. Aber es ist nicht so.

Zu Anfang kam ich hierher, weil jemand sagte, es wäre sicher gut. Es geschah einfach. Ich habe nicht danach gefragt. Und doch muss ich es jede Woche bewusst einrichten, herzukommen. Beide Energien existieren gleichzeitig auf derselben Ebene.

Nein. Die Ebene, von der du sprichst, existiert nicht. Solange du daran glaubst, existiert sie, weil du sie erschaffst. Du gibst ihr die Kraft. Du bist ihre Kraftquelle. Wenn du die Kraft wegnimmst, ist alles einfach nur.

Wenn du erkennst, dass du nicht der Handelnde bist, wird dein Körper das tun, wofür er auf diese Erde kam. Dein Körper folgt dem Karma. Aber dein Körper ist nicht du. Das kann nur erfahren werden. Für die meisten Leute ist das absurd. Alles, was ich gesagte habe, bedeutet gar nichts. Die meisten Leute wollen etwas Praktisches, um die Menschlichkeit in sich zu betonen. Die höchste Wahrheit ist, dass Menschlichkeit nicht existiert. Wenn du zu diesem Ergebnis kommst, wird dein Leben Glückseligkeit.

Du sagst also, dass sich die Seele in der Vorbestimmung eine bestimmte Zeit oder ein bestimmtes Leben auswählt, um mit ihrer Existenz fortzufahren.

Das ist Teil der Erscheinung. Und wenn du an deinen Körper und an deinen Verstand glaubst, dann sind Karma und Vorbestimmung real. Aber wenn du im Selbst verweilst, wird alles andere überflüssig. Bis dahin kann man es auf dieser Erdebene als Vorbestimmung beschreiben. Die Antwort ist da, aber wenn du es als Kontinuum betrachtest, ist es Teil der vier Prinzipien. Es gibt keinen Anfang und kein Ende.

Und wenn man selbst-verwirklicht ist, ist man heraus aus dem karmischen Rad?

Ja, genau. Um es einfacher auszudrücken, damit du es verstehen kannst, noch einmal: Wenn du an deinen Körper glaubst, wenn du an deinen Verstand glaubst, wenn du glaubst, du seist ein Körper, dann existiert auch alles andere, Karma, Gott, Schöpfung, alles existiert. Aber wenn die Erkenntnis kommt, ich bin nicht der Körper, ich bin nicht der Verstand, verschwindet alles. Wie die vier Prinzipien. Das Geheimnis hier ist, das Verweilen im Selbst zu praktizieren. Dann wird alles andere von allein geschehen. Du versuchst nicht, dein Karma oder eine unangenehme Situation loszuwerden, weil das genauso wäre wie einen Tumor an einem Arm herauszuschneiden und er würde dafür dann am anderen Arm wachsen. Du gehst direkt zur Quelle, dem Selbst. Dann ist alles gelöst.

Was lehrt Jnana Marga?

Seid bitte nicht schockiert über manche Dinge, die ich sage. Ich bin weder ein Lehrer, noch ein Vortragender, noch bin ich ein Priester. Ich bin lediglich ein Spiegel, damit ihr eure eigene Reflexion sehen könnt. Was ihr über euch selbst denkt, das seht ihr in mir. Ich mag bestimmte Dinge sagen, an die ihr nicht gewöhnt seid. Habt Geduld mit mir. Ihr solltet weder akzeptieren noch solltet ihr irgendetwas glauben, was ich sage, bis ihr fähig seid, es selbst zu beweisen. Ich bekenne einfach, dass ich weder der Körper, noch der Verstand, noch die Welt der Erscheinungen bin, dass ich Reine Intelligenz bin, Absolute Realität, Sat-Chit-Ananda, Göttlicher Verstand, Ungeboren, Leere. Wenn ich das Wort „ICH BIN" benutze, beziehe ich mich nicht auf Robert. Ich beziehe mich auf „ICH BIN WAS ICH BIN", Allgegenwärtigkeit, das Grenzenlose.

Ich bekomme viele Anrufe von Leuten, die mich alles Mögliche fragen. Eine der meist gestellten Fragen ist: „Was kann ich tun, um meine Probleme zu lösen? Kannst du mir eine Affirmation geben, ein Mantra, eine Meditation, eine Atemübung, irgendetwas was ich benutzen kann?" Diese Dinge haben ihre Berechtigung, aber sie werden dich nicht zu deinem wahren Selbst erwecken. In allen höheren Schriften steht geschrieben, dass der Weg des Advaita Vedanta oder Jnana Marga nur für reife Seelen ist.

Was bedeutet das? Er ist für die, die in früheren Leben bereits Sadhanas praktiziert haben, Atemübungen, Yogatechniken etc., und nun sind sie bereit, durch diese Lehre aufzuwachen. Die buddhistischen Schriften erklären, dass diejenigen, die Yoga oder Atemtechniken üben wollen, die mit dem einfachen Verstand sind, die Unwissenden (Er kichert). Nun, was meinen sie damit? Sie wollen dich nicht verletzen, aber sie beziehen sich auf die, die der Welt verhaftet sind, die glauben, dass die Welt real ist und die den Sog der Welt spüren. Sie wollen alle möglichen Tricks, um sich von ihren Problemen zu befreien, aber sie wollen nicht wirklich total frei sein.

Nun, was lehrt Jnana Marga? Wir lehren einfach das: Akzeptiere nichts, bevor du es selber beweisen kannst. Glaube nichts, bevor du es selber beweisen kannst. Glaube nichts, wenn du es nicht für dich selber benutzen und sehen kannst, dass es wahr ist. Affirmationen, Mantren, Yogaübungen usw. werden dich nicht erwecken. Du beginnst am Anfang. Du gestehst dir einfach selbst, dass du existierst. Das ist die Wahrheit. Du existierst, oder? Also sagst du dir: „Ich existiere. Das weiß ich genau. Ich existiere. Ich existiere. Das ist alles, was ich weiß. Ich weiß nichts anderes, aber ich weiß, dass ich existiere, weil ich hier bin." Und während du zu dir selbst sagst: „Ich existiere", schaffst du mehr Raum zwischen „Ich" und „existiere". „Ich" „existiere".

Wenn du das richtig machst, wirst du bald entdecken, dass „Ich" und „existiere" zwei getrennte Worte sind. Mit anderen Worten, du kommst zu dem Ergebnis, dass du als Ich existierst. Du musst dich selber fragen und darüber nachdenken: „Wer ist dies Ich, das existiert? Was ist Ich?" Du antwortest nie. Es wird von alleine zu dir kommen. Wenn du nach dem Schlafen aufwachst, sagst du: „Ich habe geschlafen." Wenn du träumst, sagst du: „Ich habe geträumt." Und wenn du wach bist, sagst du natürlich: „Ich bin wach." Dieses „Ich" ist immer da. Du fängst an, dich innerlich zu fragen: „Was ist dieses Ich, das immer existiert? Es existiert, wenn ich schlafe, wenn ich wach bin, wenn ich träume. Wer ist dieses Ich?" Nun beginnt die Befragung. „Wo kommt dieses Ich her?" Die Antworten sind in dir selbst. Und du fragst dich immer und immer und immer wieder: „Wo kommt das Ich her?" Und wieder: „Wo kommt das Ich her?" Oder: „Wer bin ich?" Und du wartest eine Weile und wiederholst dann dieselbe Frage: „Wo kommt das Ich her?"

Während du das tust, folgst du dem „Ich" tief, tief nach innen. Du folgst dem „Ich". Du gehst tiefer und tiefer ins „Ich". „Wo kommt dieses Ich her? Wer ist dieses Ich?" Jede Antwort, die kommt, ist eine falsche Antwort. Akzeptiere sie nicht, aber lehne sie auch nicht ab. Lege sie einfach zur Seite. Und machst weiter mit der Selbst-Befragung. „Wer bin ich?" Und du wartest. Und du fragst wieder: „Wer bin ich?" Es ist kein Mantra. „Wo kam das Ich her? Wie kam es da hin? Wer hat es geboren? Was ist die Quelle vom Ich?" Und du verweilst weiter im Ich.

Wenn du mit diesem Prozess fortfährst, wird irgendwann etwas geschehen. Für einige Leute ist das wie eine Explosion, in der alle Gedanken weggefegt werden. Denn du siehst: „Ich" ist das erste Pronomen und jeder Gedanke, den du in dieser Welt denkst, hängt an diesem „Ich". Er ist zweitrangig. Denke darüber nach. Was immer du über dich selbst zu sagen hast, es kommt „Ich" darin vor. Alles in der Welt ist über dich selbst. „Ich" gehe ins Kino. „Ich" gehe kegeln. „Ich" fühle mich krank. „Ich" fühle mich gut. Da ist immer ein „Ich", „Ich", „Ich". Was ist dieses „Ich" und worum geht es dabei? Alles hängt vom „Ich" ab. Wenn also das „Ich" verschwindet, verschwindet auch alles andere, und die Probleme sind vorbei. Alle Gedanken vergehen mit dem „Ich".

Es gibt also keine Antwort zu: „Wer bin ich?" Wenn du der Antwort begegnest, wird nur Leere da sein. Du wirst das Ungeborene sein. Aber es ist nicht eine Leere, wie du sie dir vorstellst. Weil es kein besseres Wort gibt, kannst du es Göttlichkeit, Nirvana, Sat-Chit-Ananda, Glückseliges Bewusstsein, Absolute Realität nennen. Es ist egal, wie du es nennst. Du wirst Das werden und es wird keine Erklärungen geben. Du wirst einfach Das werden und einen solch tiefgründigen Frieden erleben wie nie zuvor. Du wirst uneingeschränkte Glückseligkeit fühlen. Du wirst versuchen, es dir selber und deinen Freunden zu erklären, aber du wirst es nicht können. Denn das Endliche kann das Unendliche nicht begreifen. Da sind keine Worte.

Das ist die Methode, die du benutzt: Selbst-Befragung. Du folgst dem Ich-Gedanken zu seiner Quelle. Wie lange das dauert? Das hängt ganz von dir ab, davon, wie aufrichtig du bist und was du sonst noch mit deinem Leben machst. Wenn du das so machst wie alles andere, zum Beispiel sagst: „Gut, heute werde ich mit dem Ich-Gedanken üben, dann gehe ich ins Kino, dann gehe ich kegeln, dann werde ich fernsehen und morgen werde ich dasselbe tun." Was wird in einem solchen Fall passieren? Sehr wenig. Aber wenn du deine volle Energie dort hineingibst und jeden Tag praktizierst und das zum Wichtigsten in deinem Leben machst, dann wirst du erstaunliche Resultate sehen. Erstaunliche Resultate. Aber du musst es zum Wichtigsten in deinem Leben machen.

Denke darüber nach. Was ist das Wichtigste in deinem Leben? Erzähle es mir nicht, denke nur darüber nach. Was kommt als Erstes in deinem Leben? Kannst du das mitnehmen, wenn du stirbst? Kannst du nicht sehen, dass du in einer Welt ständiger Veränderung lebst? Dass das einzig Unveränderliche im Leben die Veränderung ist? Alle Tatsachen verändern sich. Nur die Wahrheit ist wirklich. Und die Wahrheit ist persönlich. Das musst du für dich selber herausfinden. Der aufrichtige Schüler wird das zum Wichtigsten in seinem Leben machen, und dann wird er Resultate sehen. Aber wenn du dir immer noch Sorgen machst und Angst hast und denkst, dass andere Dinge wichtiger seien, dann musst du an dir arbeiten.

Darum gebe ich dir, aus reinem Mitgefühl heraus, bestimmte Dinge, die du tun kannst, bevor du zur Selbst-Verwirklichung kommst. Kurz bevor du selbst-verwirklicht wirst, beginnst du, bestimmte Dinge zu fühlen. Und das sind die vier Prinzipien, die ich dir genannt habe. Das kommt automatisch zu dir. Aber vor dem Aufwachen musst du dir dieser vier Prinzipien gewahr werden. Du kannst nicht nur dann an sie denken, wenn es dir passt. Du musst deinen Verstand sozusagen überreden. Du musst ihn dazu bringen, an die vier Prinzipien zu denken, sobald du morgens deine Augen öffnest.

Also hast du zwei Dinge zu tun. Wenn du deine Augen öffnest, kannst du dich entweder fragen: „Wo kam das Ich her? Wer bin ich, der letzte Nacht geschlafen hat? Wer bin ich, der gerade aufgewacht ist? Wer bin ich, der jetzt existiert?" Oder du kannst an die vier Prinzipien denken, was immer für dich stimmt. Aber in jedem Fall: Wenn du Selbst-Verwirklichung willst und frei werden willst, frei vom Ozean des Samsara, der Welt, und wenn du glückselig sein möchtest, dann liegt es an dir. Ich kann diese Dinge mit euch teilen, aber ich kann euch nicht dazu zwingen, sie zu tun. Ich kann euch sozusagen zur Goldmine führen, aber graben müsst ihr selber. Was ist das Wichtigste in eurem Leben? Was immer euch das Wichtigste ist, dazu werdet ihr. Am Ende müsst ihr euren Körper zurücklassen, eure Gedanken, euren Besitz, eure Lieben. Alles wird am Ende zurückgelassen. Also wird der weise Mensch jetzt nach der Wahrheit suchen und jetzt versuchen, frei zu werden.

So, nun lasst uns noch einmal kurz durch die vier Prinzipien gehen, weil ich glaube, dass sie sehr wichtig sind. Die meisten Priester, Lehrer, was auch immer, Philosophen, sie suchen immer nach neuem Wissen. Sie forschen und forschen und forschen und dann teilen sie jeden Sonntag mit ihrer Gemeinde oder ihren Studenten etwas Tiefgründiges, etwas Neues. Und natürlich wird der letzte Sonntag immer wieder vergessen und nur noch das Neue gesehen. Es ist ein Spiel mit Worten. Du magst über Astralebenen lernen, über Kausalebenen, über Reinkarnation. Du magst lernen, wie du in deinem Leben positiv wirst, wie du den richtigen Partner anziehst, wie du Geld anziehst oder Gesundheit, alles Mögliche. Das ist alles sehr aufregend für das Ego. Was wir hier machen, ist etwas anderes. Wir versuchen, dein Ego zu beseitigen, so dass du dich nicht in der Welt verlierst. Das ist der einzige Weg, glücklich, wirklich glücklich und selbst-verwirklicht zu werden. Darum wiederhole ich immer und immer wieder dieselben Prinzipien. Damit das tief in deinen unbewussten Verstand sinken kann und du zu einer lebendigen Verkörperung dieser Wahrheit wirst.

Könntest du die vier Prinzipien noch einmal wiederholen, so klar wie möglich?

1) Ich verstehe, ich fühle, ich nehme wahr, dass alles, alles – und betont das zweite alles – eine Manifestation meines Verstandes ist.
2) Ich fühle und verstehe tief innen, dass ich nicht geboren wurde, ich existiere nicht und ich werde nicht verschwinden.
3) Ich fühle und verstehe die Egolosigkeit von allem, von der gesamten Schöpfung.
4) Ich habe ein tiefes Verständnis von dem, was Selbst-Verwirklichung ist durch das, was sie nicht ist.

Das ist es.

Was ist, wenn wir das nicht fühlen? Sollten wir es dann trotzdem sagen?

Sage es, wenn du aufwachst, es wird etwas in Gang setzen.

Sollten wir das auch während des Tages sagen?

Mache es ein bisschen anders. Denke, dass alles eine Projektion deines Verstandes ist. Am Morgen ist es gut zu sagen: Ich nehme wahr, ich verstehe. Wenn du die Augen aufmachst, bist du noch nicht ganz wach, und dann bist du dein wahres Selbst. Daher bekennst du dich zu deiner wahren Natur. Es sinkt tief in deinen unbewussten Verstand als neue Idee.

Sollten wir all diese Fragen im Satsang stellen?

Wirklicher Satsang ist nicht intellektuell, er ist die Wahrheit der Person, die ihn gibt. Neue Schüler stellen alle die gleichen Fragen. Das ist ihre Wahrnehmung. Egal was ich sage, sie werden nie in der Lage sein, das zu sehen, bis sie selbst dazu werden, denn sie identifizieren sich mit ihren Körpern.

Das Ego will wissen. Wenn du anfängst zu fühlen, dass du weniger weißt, dann ist das ein gutes Zeichen, weil du weniger über die Welt und mehr über das Selbst weißt. Je verwirrter du wirst, desto mehr wird das Ego aufbrechen.

Ist es nicht der Sinn von Satsang, Fragen zu stellen?

Ja, aber du musst die Dinge, die ich sage, auch praktizieren und beobachten, was geschieht. Wenn du hier weggehst, musst du an dir selber arbeiten und nicht einfach wieder in der Welt verlorengehen bis zum nächsten Treffen. Dann wirst du sehen, was geschieht.

Die drei Hilfsmittel für die Selbst-Verwirklichung

Nachdem du die vier Prinzipien gelernt hast und sie zu einer lebendigen Verkörperung in dir selbst geworden sind, wirst du über die drei Hilfsmittel lernen, die dich über den Ozean des Samsara ins Land der Selbst-Verwirklichung der Höchsten Weisheit tragen. Darum werden sie Hilfsmittel genannt. Aber du kannst die Hilfsmittel nur fühlen, wenn die vorherigen Prinzipien für dich klar sind.

Hier das erste: Du hast ein tiefes Gefühl – und erinnere dich, das gilt vor der Selbst-Verwirklichung, danach ist es egal, was du tust – du hast eine tiefe Sehnsucht, ein tiefes Gefühl, mit dir allein zu sein. Nun, im Westen sagen sie dir, das sei antisoziales Verhalten, aber du hast so ein Gefühl. Mit anderen Worten, du sagst nicht vom Kopf her: „Ich will alleine sein" wie Greta Garbo. Es ist kein Kopfspiel. Als Resultat deiner Selbst-Befragung und weil du die vier Prinzipien fühlst und kennst, willst du alleine sein, damit du nicht von der Welt heruntergezogen wirst, und damit du die Möglichkeit hast, die vier Prinzipien und die Selbst-Befragung anzuwenden. Also genießt du es, alleine zu sein. Du willst alleine sein. Du nimmst dir Zeit, alleine zu sein, damit du an dir arbeiten kannst, und das wird zur totalen Freude für dich. Es ist das Paradies, mit dir alleine zu sein – nicht immer, aber die meiste Zeit. Nur wenn du alleine bist, kannst du mit dir selber streiten, kannst du mit deinem Verstand schimpfen und ein bisschen herumschreien wenn du willst, und du kannst tun was immer du zu tun hast, um dein Ego und deinen Verstand loszuwerden. Das ist das erste Hilfsmittel.

Das zweite Hilfsmittel ist: Du hast ein tiefes Gefühl, den tiefen Wunsch, immer im Satsang zu sein. Satsang ist nicht nur ein spirituelles Treffen, wie die meisten von euch wissen. Es ist keine Zusammenkunft von Leuten, um einen Vortrag zu hören. Wer kann erklären, was Satsang ist? Wie steht es mit dir, Narada? Was ist Satsang für dich?

Nun, im Grunde glaube ich, dass es nicht wirklich in Worte gefasst werden kann. Ich verstehe, was die Essenz von Satsang ist: Es kann nicht in Worte gefasst werden. Satsang ist wie die Verkörperung der Lehre. Also ich denke, in Satsang findet ein Wachstum statt, ein Wachstum, das nicht in Worten stattfindet.

Okay, das ist eine gute Erklärung. Möchte jemand anderer sagen, was Satsang ist?

Im Selbst verweilen.

Ja, genau. Mit Leuten zusammen sein, die alle im Selbst verweilen; die Erkenntnis, dass es ein Selbst gibt, und du bist Das. Im Satsang sein ist also das Gleiche wie zu Füßen Gottes zu sitzen. Das ist, was es eigentlich heißt. Zu Füßen Gottes sitzen, und Gott ist niemand anders als dein Selbst. Also möchtest du mit deinem Selbst sein, wenn du mit uns zusammenkommst. Und du bist weiterhin alleine. Du bist weiterhin mit deinem Selbst. Denn alle, die bei dir sind, sind dein Selbst.

Gehört nicht normalerweise die Anwesenheit eines Weisen dazu?

Ja. Aber erinnere dich, der Weise, der Guru und Gott sind dein Selbst. Es ist alles dasselbe. Damit meine ich, ich möchte nicht, dass du mich als einen Weisen oder als sonst irgendetwas ansiehst. Wie ich vorhin schon sagte: Ich bin ein Spiegel. Du siehst dich selbst. Und wenn du dich selbst als Gottheit siehst, dann wirst du jeden anderen hier auch als Gottheit sehen. Wir sind alle eins. Es gibt keinen Unterschied.

Nummer drei: Du wirst ein tiefes Gefühl und den tiefen Wunsch haben, mit Menschen wie du selbst zusammen zu sein. Mit anderen Worten: Deine alten Verwandten, deine alten Kumpel, mit denen du getrunken hast oder was immer du mit ihnen gemacht hast, sie machen dich nicht mehr an. Du möchtest mit spirituellen Menschen wie du selber sein. Du tust nicht so, als ob. Du intellektualisierst nicht. Du stellst dir nicht vor, dass du das tun musst, weil ich es dir gesagt habe. Du wirst so durch dein Üben. Es ist ein inneres Gefühl, ein tiefes inneres Gefühl. Dies sind die drei Hilfsmittel.

Drei Methoden auf dem Weg

Es gibt drei Methoden, die uns auf dem Weg helfen, damit wir erkennen können, worüber wir vorher gesprochen haben. Nummer eins ist Selbsthingabe, vollkommene Hingabe an Gott oder an unser Selbst. Aber schon das ist für die meisten Leute schwierig. Es hört sich leicht an, ist es aber nicht. Es bedeutet, du hast kein eigenes Leben mehr. Du gibst alles vollkommen und total an Gott. Total. Jeder Teil deines Leben geht an Gott. „Nicht mein Wille, sondern deiner." Das ist Ergebenheit, Bhakti. Noch einmal, für manche hört sich das leicht an, aber das ist es nicht, weil jede Entscheidung, die du zu treffen hast, Gott überlassen wird. Du gibst deinen Verstand an Gott, total, vollkommen, absolut. Und das führt dich zur Selbst-Verwirklichung.

Nummer zwei ist die Wachheit, über die wir sprachen. Zeuge werden. Dich selber ununterbrochen beobachten. Deine Gedanken, deine Handlungen beobachten. In Meditation sitzen und beobachten, was in deinem Verstand vor sich geht. Nicht versuchen, etwas zu verändern oder zu korrigieren. Einfach gewahr sein. Zeuge deiner Gedanken in der Meditation und deiner Handlungen im Wachzustand werden.

Und Nummer drei ist das, was ich empfehle – Selbst-Befragung. Dich selbst fragen: „Zu wem kommen diese Sorgen? Zu wem kommt dieses Karma? Zu wem kommt dieses Leiden? Es kommt zu mir. Nun, was ist ‚mir'? Ich bin ‚mir'. Wer bin ich? Wo kam das Ich her?" Und dem „Ich" zur Quelle folgen.

Du kannst jede der drei Methoden benutzen, oder die, die für dich am besten passt. Aber tue in jedem Fall etwas. Vergeude dein Leben nicht mit Frivolitäten. Arbeite an dir, wenn du frei werden willst. Es bedeutet nicht, dass du aufhören musst, ins Kino zu gehen oder zu arbeiten oder sonst was. Du gibst nichts auf. Du wirst nur einfach gewahr, was du tust. Du wirst zu einem bewussten Wesen. Du wirst dir deiner Handlungen bewusst. Du wirst liebevoll, mitfühlend, freundlich zu allen Leuten. Du hörst auf, Nummer eins sein zu wollen. Die meisten von uns sagen: „Nummer eins, ich bin Nummer eins." Vergiss es. Sonst leidest du nur. Das ist Ego. Es ist schwer zu verstehen, wie du ein besseres Leben haben wirst, wenn du dein Ego aufgibst, aber es stimmt. Versuche es, und du wirst sehen. Wenn du aufhörst, an dich selbst zu denken und anfängst, an dein Selbst zu denken, wird dein Selbst Allgegenwärtigkeit. Das bedeutet, du denkst an jeden anderen als du selbst. Wenn ein menschliches Wesen leidet, dann leidest auch du.

Auf bestimmte Weise unterscheiden wir uns vom Buddhismus. Nicht viel, aber ein wenig. Der Bodhisattva sagt, er wird nicht aufwachen, bevor nicht auch alle anderen erwacht sind. Aber dann haben sie noch einen höheren Bodhisattva, den Arhat. Es ist wie mit dem Avadhoot im Hinduismus, der nur dadurch selbst-verwirklicht wird, weil er erkennt, dass sein Selbst das Selbst von allem ist. Das akzeptieren wir. Mit anderen Worten, wenn du deinen Mitmenschen helfen, wenn du diese Welt verbessern willst, dann finde zuerst dich selbst, und alles andere wird sich von alleine finden.

Glück ist deine wahre Natur

Fühle die Präsenz in dir.
Fühle das Glück und die Freude, die du wirklich bist.
Fühle es! Du kannst es fühlen.

Egal wie viele so genannte Probleme du zu haben scheinst,
egal was in deinem Leben vor sich geht, ob gut oder schlecht,
vergiss das alles. Es ist egal.
Fühle die Präsenz. Die Präsenz des Bewusstseins.
Die Präsenz des Reinen Gewahrseins.
Fühle sie in dir selbst. Denke nicht darüber nach – fühle sie einfach.
Wenn du anfängst darüber nachzudenken, verdirbst du es.

Erlaube dem Verstand, weiter zu rattern.
Widme dem Verstand keinen Funken Aufmerksamkeit,
welche Gedanken auch immer er dir bringt, was immer er dir einredet.
Gib dem Verstand keinerlei Aufmerksamkeit.
Fühle die Glückseligkeit. Du BIST die Glückseligkeit.
Es gibt absolut nichts, was du brauchst oder loswerden musst.

Suche nicht nach Erleuchtung oder Befreiung.
Du wirst sie nie finden. Du kannst nirgendwo danach suchen.
Wenn du mit deinen Sinnen suchst, wo ist Befreiung?
Wo ist Freiheit?
Sie existieren nicht.
Wenn du über die Sinne hinausgehst,
wenn du die Sinne nicht beachtest und über sie hinausgehst,
indem du sie beobachtest, sie anschaust und nicht auf sie reagierst,
dann findest du heraus,
dass du immer in der Glückseligkeit gewesen bist.

Glückseligkeit ist deine wahre Natur.
Du bist Das.

GLÜCK IST BEDINGUNGSLOS

Wie viele von uns sind heute wirklich glücklich? Wirklich, wirklich glücklich? Wirklich, wirklich, wirklich glücklich? Nicht weil die Dinge so laufen, wie du es möchtest. Nicht weil du das magst, was du siehst. Du bist einfach glücklich, weil DU BIST. Es gibt keinen Grund dafür, außer einfach dem Bewusstsein, dem Glück zu dienen. Das ist unser wirklicher Bewusstseinszustand, wer wir wirklich sind.

In Wirklichkeit sind wir glücklich. Wir wissen es nur nicht. Wir glauben, die Dinge müssten auf eine bestimmte Weise geschehen, damit wir glücklich sein können. Doch das ist nicht wahr. Absolut nicht wahr. Du bist glücklich, wenn alles gut ist und sehr deprimiert, wenn es nicht mehr so ist. Glück hat nichts mit Personen, Orten und Dingen zu tun. Wirkliches Glück entsteht aus Erkenntnis. Aus der Erkenntnis, dass du nicht der Körper, nicht der Verstand, nicht deine Angelegenheiten, nicht die Welt bist. Wenn du all diese Dinge loslassen kannst, wirst du sehr glücklich sein. Es wird von selbst kommen. Andernfalls wirst du ein falsches Glücksgefühl haben.

Die meisten von uns laufen mit diesem falschen Glücksgefühl herum. Du bist glücklich, weil es ein schöner Tag ist, weil die Sonne scheint, weil die Blumen blühen oder du zum Strand oder ins Kino gehst. Wir denken, wir seien glücklich, aber wenn du tief in dir selber suchst, wirst du erkennen, dass da große Traurigkeit herrscht, tiefes inneres Unglücklichsein. Das gilt für alle menschlichen Wesen. Solange du glaubst, ein menschliches Wesen zu sein, ist es so gut wie unmöglich, glücklich zu sein, wirklich glücklich. Das ist es, was ich meine. Das Glück, von dem ich spreche, ist jenseits von Menschsein, von gut und schlecht, jenseits von Erfahrungen. Es ist dein wahrer Zustand. Es ist das, was du bist. Aber um das zu erfahren, musst du alles andere gehen lassen. Du darst an nichts mehr festhalten.

Glück und Seligkeit sind synonym. Das hat nichts mit der Welt zu tun, in der wir leben. In dieser Welt geschehen alle möglichen Dinge. Wir glauben, wir müssten ein bestimmtes Leben leben, um glücklich zu sein. Wir glauben, wir müssten bestimmte Dinge besitzen, um glücklich zu sein. Das ist alles falsch. Es ist genau umgekehrt, es ist genau das Gegenteil. Es ist das Glück, welches das Gute zu dir bringen wird. Mit anderen Worten: Wenn du glücklich sein willst, dann ist Glück das Gleiche wie Überfluss, Gesundheit, Freude, Friede, Harmonie. Diese Dinge kommen als Ergebnis deines Glücks zu dir. Es ist also genau andersherum. Die meisten von uns glauben, wenn wir bestimmte Dinge hätten, dann würden wir glücklich sein. Aber ich sage euch, seid zuerst glücklich, dann werden die anderen Dinge aus eigenem Antrieb zu euch kommen. Denkt darüber nach.

Jeder will irgendetwas. Wenn dein Verstand zu denken aufhört, was geschieht dann? Einige von euch meinen, dass ihr dann gar nichts haben werdet, dass ihr mehr Probleme haben werdet. Aber es ist umgekehrt. Du löst Probleme, du willst etwas haben und kannst es nicht bekommen. Aber wenn du nichts brauchst und nichts willst, stellt sich Glückseligkeit ein. Du erlebst Glückseligkeit, Freude und Glück, wenn du nichts willst. So wie wir es erleben, wollen die Leute etwas, und wenn sie es dann bekommen, sind sie unglücklicher als je zuvor. Lass die Welt in Ruhe. Lass die Leute in Ruhe. Lass alles in Ruhe.

Erkenne dich selbst; erfahre das Glück

Wenn du wirklich verstehst wer du bist, wirst du ungetrübtes Glück erfahren. Glück, von dem du bisher nur geträumt hast, Glück in der Stille, wo nichts geschieht, du aber glücklich bist. Immer glücklich, immer im Frieden. Alle Götter, zu denen du dein Leben lang gebetet hast, alle Buddhas, bei denen du Zuflucht gesucht hast, die Krishnas, die Kalmias, die Shivas, Christus, Allah, sie alle sind in dir. Du bist Das. Es gibt nur das eine Selbst und du bist Das. Denke darüber nach.

Dieses Wissen bringt dir sofort immerwährendes, grenzenloses Glück. Wenn du anfängst, Einsicht in deine Göttliche Natur zu bekommen und verstehst, dass du in Wirklichkeit nicht der Körper und nicht der Verstand bist – wenn du also deine unbegrenzte Natur verstanden hast und weißt, wer du wirklich bist und dass es nichts anderes gibt, dann wirst du augenblicklich glücklich sein. Denn Glück ist deine wahre Natur. Glück und das Selbst sind synonym. Bewusstsein, Absolute Realität, Reines Gewahrsein sind alle synonym. Es gibt nur das Eine. Es hat viele Namen, aber das Eine breitet sich in Zeit und Raum aus. Es ist die einzige Erfahrung, und du bist Das. Es gibt keine andere Existenz. Wache auf zu dieser Wahrheit. Du bist das Einzige, das existiert. Und du bist Bewusstsein.

Der Grund, weshalb jemand nicht glücklich ist, liegt darin, dass er noch nicht wirklich weiß, wer er ist. Das ist der einzige Grund. Wenn du deine wahre Natur kennen würdest und wüßtest, wer du in Wirklichkeit bist, dann würde das Glück aus jeder Pore deines Körpers strömen. Es ist einfach wunderbar. Glück ist. Es gibt wirklich für niemand einen Grund, unglücklich zu sein. Menschen, die unglücklich sind, nehmen die Welt zu ernst. Sie nehmen sich selbst zu ernst, sie nehmen das Leben zu ernst. Sie denken, die Dinge seien wirklich und seien für immer. Es macht keinen Unterschied, in welcher Position du gerade bist. Es macht keinen Unterschied, was in deinem Leben vor sich geht. Es macht keinen Unterschied, wo und wer du bist. Das Einzige, was es für dich zu tun gibt, ist einig mit dir zu werden. Wenn du dich selber verstehst, wie kannst du dann überhaupt unglücklich sein? Dein Selbst ist das Selbst des Universums. Dein Selbst ist Bewusstsein. Bewusstsein bedeutet einfach, dir deines Glücks bewusst zu sein, total bewusst zu sein. Wenn du total bewusst bist, musst du glücklich sein. Warum? Weil das, was wir Glück nennen, die Grundessenz der Existenz ist. Es ist die eigentliche Ursache von allem. Urteile nicht nach Erscheinungen. Schau dir die Dinge nicht in dem Glauben an, dass sie so seien wie sie scheinen.

Wir alle wollen glücklich sein. Wie aber wird man glücklich? Was müssen wir dafür tun? Sitze mit dir allein, gehe tief in dich selbst und erkenne die Wahrheit über dich. Und die ist: Du bist nicht das Subjekt oder das Objekt. Du bist nicht der Sehende oder das Gesehene. Du bist der Zeuge all dieser Dinge. Der Zeuge von allem, was du siehst. Der Zeuge ist der Zeuge. Du beobachtest, du schaust, du nimmst wahr. Und doch bist du nicht der Beobachter, du bist nicht der Zeuge, du bist nicht der Schauende.

Du bist wie ein Tontopf. So ein Tontopf hat Raum, innen und außen. Der Raum innen ist nicht anders als der Raum außen. Wenn der Tontopf bricht, verbindet sich der innere Raum mit dem äußeren. Dann existiert nur noch ein Raum. So ist es auch mit uns. Dein Körper ist wie ein Tontopf und es scheint, als müsstest du nach innen gehen, um die Wahrheit zu finden. Das Äußere scheint in dir zu sein. Das Äußere existiert auch ohne dich. Da ist grenzenloser Raum. Wenn du über den Körper hinausgehst, ist er wie ein zerbrochener Tontopf. Das Selbst in dir wird zum Selbst außerhalb von dir. Es verbindet sich mit dem Selbst, so wie es immer war. Das Selbst verbindet sich mit dem Selbst. Einige Leute nennen das innere Selbst Atman. Auch Brahman wird es genannt. Wenn kein Körper im Weg ist, werden Atman und Brahman eins. Sie werden Brahman, Einheit, Absolute Realität, Reines Gewahrsein. Sie werden frei und befreit.

Wir müssen nicht abwarten bis der Körper stirbt, damit das geschehen kann. Es kann jetzt geschehen. Du kannst jetzt total frei und befreit werden, wenn du willst. Du musst nur loslassen. Du lässt alles los, was dich mental in Knechtschaft gehalten hat. Höre auf dein Herz. Beobachte dich selbst. Nimm Einsicht in deine Gefühle, deine Emotionen. Bist das wirklich du? Bist du wirklich deine Emotionen? Bist du wirklich die Gefühle, die du beobachtest? Wo kommen diese Gefühle her? Frage dich selbst: „Wer bin ich? Wo kommen meine Gefühle her? Wo kommen meine Gedanken her? Wo kommt mein Leben her? Wer spielt dieses Spiel? Wer ist lebendig? Wer wächst heran, wird alt und stirbt? Wer spielt dieses Spiel? Wer ist das Ich, das dieses Spiel spielt? Wer bin ich?"

Indem du einfach die ganze Zeit an diese Dinge denkst, beginnt etwas für dich zu geschehen, etwas Wunderbares. Denke nicht an das Wetter oder an die Arbeit oder an deine Probleme. Für alle Denker: Wer denkt? Finde heraus, wer die Probleme hat. Wer hat Probleme? Finde heraus, wer du wirklich bist. Wer bin ich? Es liegt an dir, aus diesem sterblichen Traum aufzuwachen. Du kannst so weitermachen wie gerade jetzt, mit all den guten und den schlechten Dingen. Doch du lebst in einem Universum der Dualitäten. Das bedeutet, für jedes Gute gibt es ein Schlechtes. Du lebst in einer falschen Welt. Du musst zu dieser Wahrheit erwachen. Erkenne immer, dass du wie der Ozean bist. Alle Gedanken, Ideen, Körper, Glaubenssätze sind einfach Wellen auf dem Ozean. Wellen kommen und gehen. Sie erscheinen, bleiben für eine Weile und verschwinden wieder. Der Ozean bleibt immer der Gleiche. So sind auch wir. Unsere wahre Natur verändert sich nie, der Körper erscheint und verschwindet. Neue Körper kommen, sie erscheinen und verschwinden. Dinge kommen, Dinge gehen. Der Ozean wird derselbe bleiben. Kenne die Wahrheit über dich selbst. Vergiss sie nie mehr. Verstehe, wer du wirklich bist.

Sei dir immer deiner selbst bewusst. Die Welt hat ihr eigenes Karma, sie geht durch ihr eigenes Karma. Es hat absolut nichts mit dir zu tun.

Du gehörst zu Gott. Alles was du siehst, ist Gott. Darum solltest du nicht urteilen. Lasse alles in Ruhe. Indem du diese Dinge praktizierst, wirst du strahlend glücklich werden.

Es gab nie eine Zeit, in der du nicht das Selbst warst, Reines Gewahrsein, Bewusstsein. Und es ist deine Bestimmung, zum Bewusstsein aufzuwachen. Du kannst es entweder jetzt tun oder erst in tausend Leben. Es hängt von dir ab. In welche Richtung du gehst, wird bestimmt durch die Art, wie du als du selbst auf die Welt reagierst. Es gibt keine Fehler. Nichts ist falsch. Alles ist richtig, genauso wie es ist. Versuche nicht, das verstehen oder daraus schlau werden zu wollen. Lasse es in Ruhe. Es wird alles von alleine geschehen, indem du selbst still und ruhig bleibst. Du beruhigst den Verstand durch Erkennen. Lasse ihn ruhig sein. Sei in allen Situationen ruhig. Lasse ihn still und ruhig sein.

Die Welt benötigt keine Hilfe von dir. Bist du nicht die Welt, bist du nicht der Schöpfer? Du hast die Welt so geschaffen wie sie ist. Sie kam aus dir heraus, aus deinem Verstand. Oder wo kam sie sonst her? Die Welt, in der du lebst, ist die Schöpfung deines eigenen Verstandes. Wenn der Verstand still wird, dann beginnt die Welt zu verschwinden. Und du bist in göttlicher Harmonie und Freude. Deshalb kommt das Glück zu dir, wenn du aufhörst zu denken, wenn du aufhörst zu urteilen, wenn du aufhörst, Angst zu haben. Wenn du beginnst, darüber nachzusinnen, was Glück ist.

Alle Antworten sind in dir. Alles wonach du suchst, ist in dir, alles. Niemand außer dir selbst kann dir helfen. Wisse, wer du bist. Du bist die Kraft. Alle Kraft des Universums ist in dir. Du hast alle Kraft, die du brauchst. Alles ist gut, außerordentlich gut. Es ist immer gut gewesen, es wird immer gut sein. Handele wie ein Gott oder eine Göttin. Handele nicht weiter wie ein menschliches Wesen. Höre auf, dich selber zu bemitleiden, zu sagen, du seist unglücklich. Stehe aufrecht. Wisse die Wahrheit über dich selbst. Werde zum Zeugen aller Phänomene, die du siehst, und sei frei.

GLÜCK IST HIER UND JETZT

Lebe im Moment. Kannst du im Moment unglücklich sein? Noch einmal: Der einzige Grund für dein Unglücklichsein ist der, dass du an etwas denkst, das du nicht magst. Du denkst an etwas aus der Vergangenheit oder du sorgst dich um etwas, das möglicherweise in der Zukunft passieren könnte. Das ist der einzige Grund, traurig oder unglücklich zu sein. Wenn du aber lernst, im Moment zu leben, wenn du lernst, jetzt gewahr zu sein, wie kannst du dann noch unglücklich sein? Denn das Jetzt ist Glückseligkeit. Denke einfach nicht. Erfahre das Jetzt. Wenn du wirklich nicht denkst und das Jetzt erfährst, dann bist du in der Glückseligkeit. Das Jetzt ist Realität. Das Jetzt ist Höchste Einheit. Das Jetzt ist Befreiung.

Aber sobald du deinem Verstand erlaubst, dir zu sagen: „Oh, das ist alles nur ein Haufen Mist", dann ist das so, weil du an eine Bedingung denkst. Du denkst an eine Situation in deinem Leben, die du nicht magst. Du denkst an etwas, das irgendwo oder mit irgendwem falsch gelaufen ist und du glaubst, das wird für immer so bleiben. Wir ändern aber keine Bedingungen. Wir ändern uns selbst. Sicherlich hast du dein Leben lang versucht, Bedingungen zu ändern, und wenn dann eine neue Situation geschaffen wurde, erschien zunächst alles rosig. Aber dann war, nach einer gewissen Zeit, alles wieder beim Alten. Die Neuheit hat sich abgenutzt und du bist wieder unglücklich. Darum musst du wieder etwas tun, um glücklich zu sein. Du musst viel fernsehen oder ins Kino gehen, Zeitungen und Bücher lesen oder dich in allerlei Situationen verwickeln lassen, um nicht zu denken. Der einzige Grund, weshalb du dich in alle möglichen physischen und materiellen Situationen verwickelst, ist, damit du nicht denken musst. Dann bist du zu beschäftigt, um zu denken. Aber wenn du alleine bist, nur mit dir selber, wenn niemand sonst da ist – wie lange kannst du dann so sitzen, bevor du von dir selber genervt oder ärgerlich über irgendetwas wirst? Und du schaltest den Fernseher ein oder trinkst ein Bier oder gehst kegeln oder machst sonst etwas. Sogar diejenigen unter euch, die hinausgehen und die Natur bestaunen, auf Berge steigen, Blumen und Bäume genießen – ihr macht das, weil ihr glaubt, dass die Freude und die Liebe und die Erfahrung dort draußen sind, außerhalb von euch. Sogar die Schönheit der so genannten Welt ist ein Irrtum.

Du läufst vor etwas weg. Du suchst nach Schönheit außerhalb von dir. Aber du musst lernen, dass du selbst diese Schönheit bist. Du bist die Freude. Du bist die Blumen, die du so sehr genießt. Du bist die Bäume und der Ozean und der Himmel und die Berge. Es kommt alles von dir. Wenn du wirklich erkennst, dass du Das bist, rennst du dann immer noch herum und suchst? Alles was du willst ist in dir. Du bist Das. Sogar Beziehungen. Du suchst nach der Beziehung mit so und so, um glücklich zu sein, um deren Gesellschaft zu genießen, um sie zu lieben, um mit ihnen zu sein. Aber ich kann dir versichern, dass in dir selber eine viel größere Liebe, eine viel größere Freude, ein viel größerer Friede ist als du je irgendwo anders finden kannst. Das ist die Wahrheit. Du hast das alles. Es gibt nichts, absolut nichts, was du von außen brauchst. Und nichts kann dir je geschehen, weil niemand etwas geschehen machen kann außer du selbst.

Wenn du mit diesem falschen Denken anfängst, stellst du dir alle möglichen Dinge vor, die dir passieren könnten. Du stellst dir vor, deinen Job zu verlieren, Bankrott zu gehen, krank zu werden, an einer Krankheit zu sterben – du hast alle möglichen Vorstellungen. Das ist das Einzige, was dich unglücklich macht. Wenn du nur lernen würdest, nach innen zu schauen! Du musst nur lernen, tief in dich selbst einzutauchen und dich mit dem Selbst zu identifizieren, mit dem Selbst zu verschmelzen. Ich kann dir nicht sagen, welche Freude du dann fühlen wirst. Du musst nirgendwohin gehen. Du musst wirklich niemanden treffen. Du musst nichts tun. Du musst einfach du selbst sein. Du bist die Freude der Welt.

Die Frage taucht auf: Ist ein Guru notwendig? Ist ein Lehrer notwendig? Denke über diese Frage nach. Die Definition von Guru ist: Von der Dunkelheit zum Licht. Gu bedeutet Dunkelheit und ru bedeutet Licht. Deshalb, wenn ihr Kinder gu gu sagen hört (Gelächter), sind sie in der Dunkelheit. Sie erfahren die Welt, darum sagen sie gu gu. Denn sie haben bereits selber erkannt, dass die Welt Dunkelheit bedeutet. Aber wenn du Guru sagst, bedeutet das Licht. Deshalb sollte der Guru immer ein Weiser sein, der euch von der Dunkelheit zum Licht führt. Und wie bringt der Weise euch von der Dunkelheit zum Licht?

Indem er bestimmte Dinge tut, damit ihr erkennen könnt, dass ihr das Eine seid. Nicht indem er sagt, ich bin der Guru und ihr seid meine Schüler. Sondern indem er euch zu sehen hilft, dass ihr das Eine seid, das nie geboren wurde, das nie sterben wird, das unvergänglich ist, das absolut Sat-Chit-Ananda ist. Das Eine bist du. Und du bist das Eine genauso wie du jetzt bist.

Wenn du jetzt an deinen Körper denkst oder dass du der Handelnde bist oder dass du ein Problem hast oder dass etwas falsch ist, dann bist nicht du das. Aber wenn du jetzt lebst, im Jetzt, im ewigen Jetzt, dann bist du das Eine, genau so wie du jetzt gerade bist, genau jetzt, in diesem Bruchteil einer Sekunde. Wenn du denkst, dann verdirbst du es. Denn Gedanken drehen sich immer um die Vergangenheit oder die Zukunft. Sogar wenn es um die vergangene Minute oder eine Minute in der Zukunft geht, verdirbst du es, weil du nicht im Jetzt zentriert bist. Also bist du Brahman genau so wie du jetzt gerade bist. Der Guru sollte in der Lage sein, dir das zu sagen und es dir verständlich zu machen, so dass du es sehen und fühlen kannst.

Nicht jeder braucht einen Guru. Ein Baum, ein Berg, ein See, eine Blume kann ein Guru sein. Das habt ihr schon gehört, aber lasst es mich noch einmal erklären. Wenn ein Baum zu deinem Guru wird, dann ist dieser Baum kein normaler Baum mehr. Er ist du. Du identifizierst dich mit der Essenz des Baumes, sie ist Bewusstsein. Du siehst den Baum nicht als Baum. Es ist die Schönheit des Baumes oder des Berges oder des Sees oder was auch immer, die dich zunächst anzieht. Wenn du dann den Baum nur als Baum siehst, wirst du enttäuscht sein. Denn die Blätter fallen ab, Käfer greifen ihn an, Leute fällen ihn. Doch wenn du dich spontan und auf kluge Weise mit dem Baum identifizierst, dann wird dieser Baum zum Du und die Essenz ist die Schönheit, ist die Essenz deiner Schönheit. In dieser Hinsicht ist der Baum dein Guru. Daher ist ein Guru in menschlicher Form ein Wesen, dessen Worte du in der Stille in deinem Herzen spürst. Und genau wie bei dem Baum ist die Essenz des Gurus deine Essenz. Es gibt nur Eins. Wenn du also als Schüler in deinen spirituellen Übungen aufrichtig bist, wenn du das vor alles Andere stellst, wenn du weiterhin an dir selbst arbeitest, dann wird automatisch der Guru in dir selbst, die Essenz in dir selbst dich wie ein Magnet anziehen und zu einem äußeren Guru führen, der in Wirklichkeit du selbst bist. Dadurch kannst du höher aufsteigen und befreit werden.

Du musst aufhören, dich als menschliches Wesen zu betrachten. Du musst dich selber ertappen, wann immer du denkst, dass etwas falsch ist, dass jemand dich verletzt hat, dass jemand bei dir angeeckt ist, wenn Dinge in der Arbeit oder zu Hause nicht richtig funktionieren. Sei nicht wie der normale Mensch, reagiere nicht darauf. Und glaube nicht, die Dinge würden schlechter werden, wenn du nicht reagierst. Ich kann nicht oft genug sagen, dass jede Situation, in die du gerätst, notwendig ist für dein Wachstum. Es gibt keine Fehler. Alles, durch das du gegangen bist, alles, durch das du gehst, absolut notwendig für dein spirituelles Wachstum ist. Wenn es dir nicht koscher erscheint, erkenne, dass es dein Verstand ist, der reagiert. Es ist dein Ego, das reagiert. Und die Art damit umzugehen ist, einfach zu beobachten. Verwickle dich nicht, indem du argumentierst, kämpfst oder versuchst, die Dinge zu verändern. Beobachte einfach. Wenn du beobachten kannst, ohne dich aufzuregen, dann hast du den Test bestanden und musst ihn nicht wiederholen. Aber wenn du ärgerlich wirst, wenn du dich aufregst, mit jemandem abrechnen willst, dann denkst du ständig daran und spürst Hass und Feindseligkeit. Und obwohl du dich aus der Situation herausziehst, wirst du ihr immer und immer und immer wieder begegnen, bis du gelernt hast, nicht zu reagieren.

Das Universum ist eine Universität für die Seele. Bevor wir höher gehen und aufwachen können, müssen wir diese kleinen Verwirklichungen erleben, wo wir zu fühlen beginnen, dass nichts falsch ist. Es ist absolut nichts falsch. Alles Gute des Universums ist deins. Es ist absolut nichts falsch, nichts.

Nur wenn du im Moment leben und fühlen kannst, was ich sage, dann wird alles in dieser Welt, in diesem Universum, zu dir werden. Darum waren Leute wie Jesus und andere fähig zu sagen: Alles was ich habe ist euer. Und das bedeutet: Bewusstsein ist Glückseligkeit und Glückseligkeit drückt sich selber als die Welt aus, als das Universum, als du selbst. Lebe in dieser Glückseligkeit. Lehne es ab, irgendetwas anderes anzuerkennen. Es scheint, als ob etwas in deinem Leben schiefgehen wird, wenn du etwas nicht anerkennst. Aber du bist nicht dafür gemacht, dass etwas in deinem Leben falsch läuft. Es ist absolut nirgendwo etwas falsch, wie kann also irgendetwas in deinem Leben schiefgehen? Sogar für die von euch, die glauben, dass Gott die Regie führt. Da kann Gott gut oder schlecht sein, wenn wir in einem launenhaften Universum leben würden. Der Mond könnte z.B. mit der Sonne zusammenstoßen, und dann könnte einmal Weizen, das nächste Mal Rosen aus dem gleichen Samen wachsen. Es gibt hier keine zwei Kräfte, es gibt nur eine Kraft und die kannst du Gott nennen. Sie ist allumfassend und es gibt keinen Ort, an dem sie nicht ist. Wie kann es dann ein Problem geben? Denn damit es ein Problem geben kann, muss es Gott und etwas anderes geben. Alles was du tun musst, ist ein wenig meditieren, und du wirst sehen, dass es nur Gott gibt und er alles ist. Da ist kein Platz für Gott und irgendetwas anderes.

Ihr fragt: „Wo kommt Krankheit her? Wo kommen Mangel und Begrenzung her? Wo kommt die Unmenschlichkeit des Menschen her?“ Ich frage euch, wer sieht das? Wer sieht das? Die breite Masse der Welt. Der größte Teil der Welt sieht Mangel, Begrenzung, Krankheit, die Unmenschlichkeit des Menschen, und genau das ist es, weshalb diese Dinge sich selbst aufrecht erhalten und kollektiv überall im Universum erscheinen. Aber dann gibt es einige von uns, die aus der Parade austreten. Und die hören den Schlag eines anderen Trommlers. So beginnt es. Sie erkennen das Böse nicht länger als Realität an. Es mag eine Tatsache sein, aber wessen Tatsache? Derer, die in einer Traumwelt leben. Und noch einmal: Alle Tatsachen sind Veränderungen unterworfen. Daher kann alles, was Tatsache ist, nie Realität sein. Realität setzt voraus, dass es für immer und immer so bleibt, ohne Veränderung. Harmonie ist Realität. Liebe ist Realität. Freude ist Realität. Glückseligkeit ist Realität. Du bist Realität so wie du bist, nicht was du denkst. Wenn du zu denken anfängst, kann du mit mir argumentieren und sagen: „Wie kann ich Realität sein, wenn ich dies und das erfahre?" Du denkst, deshalb sagst du das. Aber wenn du einfach so bleibst wie du bist, in diesem Moment, dann bist du Realität.

Wenn du anfängst, über diese Dinge nachzudenken, hebst du dich selber höher und höher. Und zwar weil du dein persönliches Bewusstsein von vergangenem Karma und Samskaras reinigst. Das innere Selbst, der Guru in dir wird dich zum äußeren Guru führen, und wenn du im Satsang sitzt, wirst du alle Wahrheiten hören, die in der Stille gesprochen werden und etwas wird geschehen. Du wirst anfangen zu fühlen, dass es keine Geburt, keine Ursache für das Universum gibt.

Es wird einfach zu dir kommen. Situationen sind nicht das, als was sie erscheinen. Das Universum ist nur ein Traum. Es wird alles von alleine zu dir kommen. Die Rishis vergangener Zeiten hatten zum Beispiel keine Kugelschreiber oder Bleistifte, um Notizen zu machen oder Kassettenrekorder, um Bänder aufzunehmen oder Zeitungen oder Bücher zum Lesen. Und doch, wenn du die Upanishaden liest, die Vedas, wirst du herausfinden, dass diese Rishis, diese Weisen, alle zum selben Ergebnis über die Realität kamen, obwohl sie sich untereinander nicht kannten. Denn sie waren fähig, tief in sich selbst einzutauchen. Und sie waren fähig zu sehen, dass diese Welt nicht existiert, dass der Körper nicht existiert, dass der Verstand Nicht-Realität ist. Sie waren fähig, ihren Körper/Verstand in ihre wahre Natur eingehen zu lassen, welche Bewusstsein, Absolute Realität ist. Dann wurden sie zu Absoluter Realität, Reinem Gewahrsein, und sie wollten das Wort in der Welt verbreiten. Aber das ging nicht, denn sie erkannten, dass die Welt nicht existiert. Es gibt also in Wirklichkeit niemanden, an den man etwas weitergeben könnte. Doch wenn sie an sich selbst dachten, waren alle anderen eingeschlossen. Daher scheint es, als gäbe es andere. Und unter diesen anderen wären bestimmte Leute bereit, befreit zu werden. Und diese Leute saßen zu Füßen der Rishis und wurden Weise. Und so wurde das Wort verbreitet. Dann wurde das Schreiben erfunden und es wurden Manuskripte geschrieben und viele Leute kamen zur Wahrheit, indem sie lasen und dem Weisen zuhörten. Aber jetzt muss ich euch die Wahrheit sagen: Nichts davon existiert. Alles, was ich euch gesagt habe, ist für Kleinkinder, Kindergarten-Stufe.

Verweile im Jetzt

Warum solltest du irgendetwas tun müssen, um aufzuwachen, wenn deine Göttliche Natur bereits wach ist? Warum solltest du nach etwas streben oder die Umstände überwinden oder dein Leben in Ordnung bringen? In dem Traum, den du träumst, nimmst du dein Menschsein wichtig. Dein einziges wirkliches Problem ist, dass du dein Menschsein wichtig nimmst. Und sobald du das tust, bringst du alle anderen Lügen in dein Erleben. Dass du die Umstände in Ordnung bringen musst, dass du dies und jenes zu tun hast, das sind alles Lügen. Bewusstsein muss nichts tun. Absolute Realität ist Absolute Realität – einfach so wie sie ist. Sie muss keinerlei Sadhanas praktizieren, keine Mantren singen oder sonst etwas tun.

Warum nicht jetzt aufwachen? Worauf wartest du? Entschließe dich dazu, genau jetzt aufzuwachen und erlaube deinem Verstand, in dein Herz, in das Reine Gewahrsein einzugehen. Tue es! Einige von euch fragen immer noch, wie man das macht. Durch Stille. Den Moment erleben, das Jetzt, die Realität. Nichts geschieht Jetzt. Niemand leidet. Jetzt ist der einzige Moment, den du hast. Verweile im Jetzt. Alles ist genau jetzt perfekt. Fühle es. Denke nicht darüber nach. Fühle es. Es gibt kein Gestern, es gibt kein Morgen. All deine so genannten Sinne sind transzendiert. Keine Vergangenheit und keine Zukunft. Du bist jetzt vollkommen lebendig. Genau jetzt. Genieße es.

Erinnere dich: Wenn dein Verstand zu denken anfängt, packe ihn dir, indem du ihn beobachtest und gehe zurück zum Jetzt. Wann immer du in Gedanken zurückfällst, erinnere dich immer wieder, dich zu ertappen. Viele von euch geben dem Verstand freien Lauf. Bleibe im Moment. Nichts geschieht im Moment. Der Moment ist Ewigkeit. Wenn du das korrekt machst, solltest du Freude in dir aufsteigen fühlen. Eine Freude, eine Glückseligkeit, einen Frieden, den du nie vorher gespürt hast. Fühle es. Nichts anderes als dieser Friede, diese Liebe, dieses Gewahrsein existiert. Nenne es wie du willst, es ist gleichgültig. Du bist Das.

SATGURU

Du sitzt hier mit mir, um zu erkennen,
dass es keinen Lehrer,
keine Wahrheit und
keine Lehre gibt.
Es gibt nur das Eine,
und du bist Das.
Ich bin nicht dein Lehrer.
Es gibt keinen Lehrer.

ICH BIN.
ICH BIN DAS UNIVERSELLE ICH BIN DAS ICH BIN.

GURU UND SELBST-VERWIRKLICHUNG

Die meisten von euch sind aus einem Grund hier: Um Frieden von euren alltäglichen Erfahrungen zu finden, befreit zu werden, selbst-verwirklicht zu werden, Nirvana, Satori zu erreichen, erleuchtet zu werden. Doch muss die Sonne erleuchtet werden? Deine wahre Natur ist Moksha, Befreiung. Du bist immer DAS gewesen und nichts anderes. Aber einige von euch glauben das nicht, fühlen das nicht, haben das nie erfahren. Aus diesem Grund ist es meine Verantwortung, dafür zu sorgen, dass ihr aufwacht. Darum bin ich hier. Ich bin verantwortlich für euch. Wenn ihr das erkennt, wenn ihr versteht, was ich sage, dann werdet ihr alles andere loslassen. All eure Anhaftungen, all eure Ängste, all eure Frustrationen, alle Dinge, an denen ihr jahrelang gehangen habt, werdet ihr aufgeben. Und wenn ihr diese Dinge aufgebt, fließt Göttliche Gnade von selbst. Und ihr werdet dort sein, wo ihr jetzt seid, erwacht. Doch ihr wisst es nicht.

Warum seht ihr euch selbst als einfache sterbliche Wesen mit Problemen, immer an die Zukunft, an euren Stolz und euer Ego denkend? Lasst das. Gebt es auf. Es gibt zwei Dinge, die ihr verstehen müsst. Selbst-Verwirklichung ist nicht eure Verantwortung, sondern meine. Denn ihr habt mich ausgesucht. Ich bin für euch hier, nicht für mich. Aber ihr müsst den Rest erledigen. Ihr müsst gewissenhaft an euch selbst arbeiten, um all diese falschen Konzepte, die ihr jahrelang, jahrhundertelang, viele Leben lang hattet, zu beseitigen. Das bedeutet, dass ihr absolut ehrlich mit euch selbst sein müsst. Total ehrlich. Vollkommen ehrlich mit euch selbst, um zu sehen, wie ihr funktioniert habt. Um zu sehen, wie eure Gedanken euch beherrscht haben. Euer Verstand hat euch gesagt, dies ist so und jenes ist so. Dies ist gut, das ist schlecht. Dies ist richtig, das ist falsch. Immer beurteilend. Das ist es, was total, vollkommen aufgegeben werden muss.

Alle Werkzeuge, die ihr braucht, sind in euch. Aber ihr müsst den Schritt machen und etwas tun. Wie ich sagte, überlasst die Verwirklichung mir. Arbeitet an euch selbst. Werdet all das Zeug los, das euch so viele Jahre gefangen gehalten hat. Ihr wisst, worum es geht. Die Ängste, die vorgefassten Ideen, all die Dinge, die euch all diese Jahre gefangen gehalten haben – lasst sie gehen. Gebt sie auf. Gebt alles hin. Ihr habt also wirklich eine Aufgabe zu bewältigen. Doch ich sage euch die ganze Zeit: Alles ist vorherbestimmt. Alles ist karmisch. Das stimmt für die normalen Leute, die nichts für ihre Verwirklichung tun. Für sie scheint das ganze Leben karmisch zu sein. Doch wenn ihr anfangt, an euch selbst zu arbeiten, wenn ihr anfangt, die Wahrheit zu sehen, wenn ihr anfangt, den ganzen Tag lang zu fragen: „Wer bin ich?“, wo immer ihr seid, was immer ihr tut, und ihr tiefer und tiefer nach innen geht, dann geht ihr über alles Karma hinaus. Alles wird transzendiert. Ihr werdet zu einem total freien Wesen.

Ihr seid schon viele Jahre in dieser Welt und durch Üben spiritueller Disziplinen innerlich zu dem Ergebnis gekommen, dass diese Welt euch wirklich nichts zu bieten hat. Obwohl es gute Dinge in dieser Welt zu geben scheint, versteht und erkennt ihr, dass es auch viel Veränderung gibt. Alles in dieser Welt muss sich ändern. Letztendlich hat diese Welt euch nichts zu geben. Ihr müsst das innerlich fühlen. Noch einmal: Ihr müsst neugierig fragen: „Wer bin ich? Was bin ich wirklich? Ich habe nie darum gebeten, geboren zu werden. Ich werde eine bestimme Anzahl von Jahren leben und dann werde ich sterben. Was bin ich eigentlich? Wo kam diese Welt her? Wer oder was ist Gott? Wo kamen all die Tiere her, die Käfer und die Insekten, die Bäume, die Berge, die Planeten? Was soll das alles?“

Wenn ihr euch auf diese Weise befragt, dann seid ihr im Satsang richtig. Ihr beginnt zu fühlen und zu erkennen, dass es so etwas wie Selbst-Verwirklichung gibt. Wenn ihr es berührt, wird es euch glücklicher machen als ihr in eurem Leben je gewesen seid. Es wird tiefen Frieden bringen. Es wird keinen Zweifel über irgendetwas in eurem Verstand mehr geben. Denn ihr habt euren Verstand gänzlich hingegeben und werdet ohne Verstand sein. Ihr habt ein inneres Gefühl, dass euer wirkliches Ich grenzenloser Raum ist. Dass ihr mit allem verbunden seid und alles mit euch verbunden ist. Mit anderen Worten: Ihr seid nicht einfach nur der Körper. Die Erscheinung eures Körpers ist eine Lüge. Die Erscheinung der Welt ist eine Lüge. Ihr fühlt das bald. Wenn ihr das fühlt, und das gilt für Leute, die viele Jahre, viele Inkarnationen lang, spirituelle Disziplinen und Sadhanas geübt haben, dann müsst ihr einen Weisen finden, der angekommen ist und in der Verwirklichung lebt. Nur ein solcher Weiser kann euch vorwärts bringen und dafür sorgen, dass Selbst-Verwirklichung geschieht. Nur ein Weiser, der sich selbst erkannt hat.

Es liegt an dir, eine solche Person zu finden. Hast du sie gefunden, dann musst du ihr unbedingt vertrauen, totalen Glauben in diese Person setzen, dass sie dich auf den richtigen Weg bringt. Wenn du damit Probleme hast, musst du einen anderen Weisen suchen. Alle Schriften, alle Bücher sagen dir: Bevor du dich nicht total und vollkommen dem Weisen hingegeben hast, gibt es keine Hoffnung auf Verwirklichung. Nun ist es wahr, dass es bestimmte Leute in dieser Welt gab, die ohne jede Hilfe das Selbst erkannt haben. Das geschieht jedoch sehr selten. Der Durchschnittsmensch braucht einen Weisen, der den ganzen Weg gegangen ist. Der jenseits der Ewigkeit gegangen ist. Jenseits aller Fragen. Jenseits des Beobachters und des Beobachteten. Jenseits aller Phänomene. Einer der erkannt hat, dass alle Phänomene eine Überlagerung des Selbst sind. Dass also dein Körper, die Welt, in der du lebst, die Tiere, alles, die Planeten, das Universum nur eine Überlagerung des Selbst wie die Schrift auf einer Tafel sind. Du kannst sie auswischen und etwas Neues schreiben. Du kannst ein Bild malen. Aber die Tafel bleibt immer die Gleiche, nur die Bilder wechseln. Und so ist es mit einem selbst-verwirklichten Weisen. Er hat erkannt, dass alles das gleiche Phänomen ist. Alle Phänomene sind genau gleich. Sie kommen und gehen. Das Selbst aber ändert sich nie. Das Selbst ist Stille. Ohne Worte. Für das Selbst gibt es keine logische Erklärung. Es ist jenseits von allem, woran dein Verstand denken kann. Du kannst das Selbst nicht finden, indem du darüber nachdenkst. Es geht nur durch Nicht-Denken! Durch Entfernen der Gedanken.

LIEBE DEN WEISEN; LIEBE DAS SELBST

Wenn du solch ein Wesen gefunden hast, welches das Selbst erfahren hat, dann musst du diese Person zu lieben lernen, total, vollkommen, absolut. Du liebst nicht wirklich die Person, du liebst das Selbst. Du magst eine Person in dem Weisen sehen. Aber der Weise weiß ohne jeden Zweifel, dass da keine Person anwesend ist. Daher wirst du den Weisen lieben, indem du das Selbst liebst. Indem du den Weisen liebst, liebst du dein Selbst. Es ist dasselbe. Der Weise ist nichts anderes als dein wirkliches Selbst. Der Weise ist du! Aber du weißt das nicht, du glaubst es nicht, du hast es nicht erfahren. Also denkst du, der Weise sei eine Person. Folglich ist alles, was du tun kannst, den Weisen zu lieben. Das allein wird genügen.

Nun kommt ein Weiser, der über den Körper und über die Welt hinausgegangen ist, aus einem vollkommen anderen Raum als du. Und er oder sie mag Dinge völlig anders machen. Aber du solltest wissen: Alles was der Weise tut, tut er nur für deine Verwirklichung. Nur darum existiert der Weise oder der Jnani für dich – für deine Verwirklichung, zu keinem anderen Zweck. Es liegt an dir, das zu fühlen, zu erkennen, zu verstehen.

Ihr müsst wirklich lernen, den Weisen zu lieben! Für viele von euch ist es schwierig, überhaupt zu lieben. Wenn ihr an Liebe denkt, denkt ihr an menschliche Liebe. Und ihr denkt an Enttäuschungen, an Kummer. Aber wenn ihr den Weisen liebt, dann ist das total anders, vollkommen anders. Wenn ihr anfangt, den Weisen zu lieben, werdet ihr Glückseligkeit unmittelbar in euch selber fühlen. Ihr fühlt Freude und Glück. Warum? Weil ihr das Selbst liebt. Das Selbst ist Allumfassend, Unendliche Realität, Allgegenwärtigkeit. Den Weisen zu kennen, bedeutet dein Selbst zu lieben. Es gibt nur ein Selbst. Und ihr müsst wirklich lernen, dem Weisen in allem was ihr tut zu vertrauen.

Das erinnert mich an eine Geschichte. Eines Tages gingen Krishna und Arjuna einen Weg entlang. Gegen Abend wurden sie müde und entdeckten ein Haus. In dem Haus lebte ein geiziger alter Mann. Irgendwie hatte er es geschafft, viel Geld zu erwerben. Aber er war sehr geizig. Sie klopften an die Tür. Der geizige alte Mann kam an die Tür und sagte: „Was wollt ihr?“ Und Krishna sagte: „Können wir über Nacht bleiben und etwas zu essen bekommen?“ Normalerweise würde der geizige alte Mann ihnen die Türe vor der Nase zugeschlagen haben, aber er erkannte Krishna und Arjuna. So ließ er sie zögernd ein. Er bereitete ein leckeres Essen für sich selbst, aber Krishna und Arjuna gab er nur Brotkrümel zu essen. Und er hatte ein bequemes Bett, ließ aber Krishna und Arjuna in der Ecke im Dreck schlafen. Als es Morgen wurde, verabschiedeten sich Krishna und Arjuna. Krishna legte eine Hand auf den Kopf des alten Mannes, segnete ihn und sagte: „Mögest du mit Erfolg gesegnet sein." Und sie verließen ihn.

Es wurde wieder Abend. Sie kamen zu einem anderen Haus. In diesem Haus lebte ein frommer, wunderbarer, schöner alter Mann, dessen einziger Besitz eine Kuh war. Sie klopften an die Tür, und der alte Mann öffnete. Als er Krishna erkannte, verbeugte er sich und sagte: „Was für sein Segen für mich, Krishna und Arjuna kommen in mein Haus! Mein Haus ist euer!" Er gab ihnen sein Abendessen. Er ließ sie in seinem Bett schlafen und schlief selber auf dem Boden. Als der Morgen kam, verabschiedeten Krishna und Arjuna sich. Krishna legte seine Hand auf den Kopf des alten Mannes und sagte: „Möge deine Kuh tot umfallen!" und ging.

Arjuna sagte kein Wort. Aber er dachte den ganzen Tag darüber nach. Schließlich wagte er, Krishna zu fragen: „Meister, ich habe deine Botschaft nicht verstanden. In der einen Nacht, als wir in das erste Haus kamen und dieser alte Mann uns schlecht behandelte, geizig zu uns war, hast du ihn gesegnet und ihm gesagt, er möge mit Erfolg gesegnet sein. Und letzten Abend, als wir zu diesem frommen alten Mann kamen, der wunderbar zu uns war, uns ein Abendessen gab und sein eigenes Bett, hast du ihn verdammt und gesagt, seine Kuh möge tot umfallen. Was bedeutet das?" Krishna erklärte: „Meine Wege, Arjuna, sind nicht deine Wege. Und deine Wege sind nicht meine Wege. Du magst mich viele Dinge tun sehen, die du nicht verstehst. Beurteile mich nie nach dem, was du mich tun siehst. Liebe mich nur. Siehst du, als ich den ersten Mann verwünscht habe und ihm sagte, er möge mit Erfolg gesegnet sein, erkannte ich, dass er viele Male, viele Inkarnationen zurückkommen und viel Geld haben würde. Seine Verwandten aber würden ihn jagen und sein Geld haben wollen. Und die Steuer würde hinter ihm her sein. Er wird mehrere Leben brauchen, um damit umzugehen. Er wird viele Leben wegen seiner Gier leiden müssen. Als ich nun zu dem anderen alten Mann kam, erkannte ich, dass er alles für Gott aufgab. Sein einziger Besitz war die Kuh. Und das hielt ihn von der Selbst-Verwirklichung ab. Wenn ich ihm also die Kuh wegnehme, wird er selbst-verwirklicht sein. Das ist das Spiel, das ich mit Leuten spiele."

Dasselbe gilt für uns. Glaube nie, dass der Weise denkt wie du oder Dinge tut, die du auch tust. Ein Weiser scheint eine ganz normale Person wie du selbst zu sein. Aber da endet die Ähnlichkeit auch schon. Versuche nie, einen Weisen, seine Methoden oder was er tut zu verstehen. Noch einmal: Liebe ihn einfach. Das ist alles, was du tun musst. Wenn du wirklich lernst, den Weisen zu lieben, wirst du sofort Ergebnisse in deinem spirituellen Leben sehen.

Als Erstes wirst du einen tiefen Frieden in dir spüren wie nie zuvor. Dann wirst du diese Freude in deinem Herzen fühlen wie nie vorher. Du wirst Liebe für alles spüren, vom Mineralreich zum Pflanzenreich, zum Tierreich, zum Menschenreich. Du magst vielleicht durch Karma gehen. Erinnere dich: Für den Weisen gibt es kein Karma. Ich weiß, in einigen Büchern steht geschrieben, der Grund, aus dem der Weise bestimmte Dinge tut, ist der, dass er oder sie durch Parabdha Karma geht, welches noch übrig ist und vorbei sein wird, wenn er oder sie den Körper verlässt. Das ist eine Lüge! Diese Dinge wurden nur geschrieben, um Leute zu beruhigen. Ich sage dir, für einen Weisen gibt es überhaupt kein Karma. Was du in dem Weisen siehst, ist nur eine Lüge. Solange du den Weisen als einen Körper siehst, ist dein Denken falsch. Der Weise ist nicht der Körper. Auch du nicht, aber du weißt es nicht. Zu sagen: „Ich bin nicht der Körper", ist nicht gut genug. Du musst diese Wahrheit erleben. Was nützt diese Lehre, wenn du sie nicht erleben kannst? Deshalb testet der Weise dich. Du magst viele persönliche Erlebnisse mit dem Weisen haben. Das Schlimmste was du tun kannst ist, zu urteilen. Erinnere dich immer wieder daran: der Weise kommt nicht von da, wo du herkommst. Versuche nicht einmal den Weisen zu verstehen. Liebe ihn einfach, das genügt.

Noch einmal: Wenn du den Weisen wirklich liebst, wirst du sehr schnelle Veränderungen in deinem Leben bemerken. Das ist wichtiger als Selbst-Befragung zu üben, als der Beobachter zu sein oder andere spirituelle Methoden zu benutzen. Denn wenn du den Weisen liebst, dann wird Selbst-Befragung für dich leichter werden. Wenn du ein hartes Herz und einen Kopf aus Stein hast, dann ist es schwer für dich, zu lieben. Deshalb siehst du dich selber als Individuum und versuchst, spirituelle Disziplinen zu üben wie Selbst-Befragung, der Beobachter sein, Pranayama, Mantren. Doch all diese Dinge macht das Ego! Darum werden in Advaita keine spirituellen Methoden verlangt. Kein Sadhana wird verlangt. Keine Disziplin wird verlangt. Nur zu lieben. Wen zu lieben? Den Weisen als dich selbst zu lieben. Das ist alles, was verlangt wird. Sobald du dazu in der Lage bist, wird sich alles andere für dich öffnen.

Am Anfang scheint das schwierig, besonders für den westlichen Menschen. Eure Gehirnwäsche lässt euch glauben, dass ihr das Ego seid und alles, was ihr in eurem Leben tut, aus der Sicht des Ego geschieht. Du denkst, du machst Fortschritte, dann passiert etwas, was dich ärgert und aus der Fassung bringt. Und du fühlst, du hast all deinen Fortschritt verloren und stehst im Nirgendwo. Und du bist verdutzt und wunderst dich über dies und wunderst dich über jenes. Und du sagst, du hast drei oder vier oder fünf Jahre Sadhana praktiziert. Nichts ist passiert; zwanzig Jahre, nichts ist passiert. Denn du hast eines vergessen: Den Weisen als dich selbst zu lieben.

Wahre Liebe bedeutet Hingabe

Schaue zurück auf deine eigene Übung und du wirst sehen, dass das wahr ist. Liebe wirklich mit deinem ganzen Herzen und deiner ganzen Seele. Wahre Liebe bedeutet Hingabe. Was gibst du hin? Dein EGO. Was noch? Gib alles dem Weisen. Werde leer, total frei und leer. Dann, das kann ich dir versichern, wirst du Glückseligkeit fühlen, und sie wird dich nie wieder verlassen. Du wirst erkennen: ALLES IST GUT, unabhängig davon, was deinem Körper geschieht. Du wirst aufhören, dich selbst zu bemitleiden. Du wirst aufhören, dich selbst zu beurteilen. Du wirst anfangen, alles und jeden in Ruhe zu lassen.

Ich hatte hierzu im Alter von siebzehn Jahren ein Erlebnis, als ich bei Paramahansa Yogananda war. Er initiierte mich und sagte zu mir: „Robert, versprichst du mich zu lieben, egal was du mich tun siehst?" Ich lächelte und zögerte. Ich sagte zu mir selbst: „Was wird dieser Typ tun?" Und doch fühlte ich überwältigende Liebe und sagte: „Sicher, ja, das werde ich." Und in den sechs Monaten, die ich bei ihm war, habe ich ihn in verschiedenen Stimmungen gesehen, wie er mit manchen Schülern ärgerlich wurde, während er andere Schüler liebte. Ich erinnere mich an eine Zeit um Weihnachten herum, als mehrere Schüler während der Ferien zu ihren Familien nach Hause fahren wollten. Einer ging zu Yogananda und fragte ihn: „Meister, kann ich zu Weihnachten meine Familie besuchen?" Und er schenkte ihm ein warmes Lächeln und sagte: „Ja natürlich, geh nach Hause und genieße." Jemand anderes kam zu ihm und sagte: „Meister, kann ich in den Ferien nach Hause gehen?" Und er sagte: „Was? Wie kannst du es wagen, mir eine solche Frage zu stellen? Natürlich kannst du nicht nach Hause gehen. Du hast keine Familie. Ich bin deine Familie. Die einzige Familie, die du hast, ist hier, deine Brüder und Schwestern im Satsang." Ja, er schrie ihn sogar laut an und verweigerte die Erlaubnis, nach Hause zu fahren. Ich nahm das alles wahr und beobachtete und erkannte zu dieser Zeit, dass ich nicht hier war, um ihn zu beurteilen, zu sehen, ob er sich richtig oder falsch, gut oder schlecht verhielt. Er sorgte für etliche Zwischenfälle im Ashram, bei denen ein normaler Mensch weggehen und nie wieder zurückkommen würde. Aber ich erkannte, dass das Tests waren um zu sehen, ob Leute tauglich waren oder nicht. Und so ist es mit uns.

Wonach suchen wir wirklich? Wahre Spiritualität ist nicht leicht. Es bedeutet, deinen gesamten Blickwinkel zu verändern, das Leben vollkommen anders zu sehen. Versuchen, die meiste Zeit still zu sein. Deinen Verstand ruhig zu halten, ihm nie zu erlauben zu urteilen. Deinem Verstand nie zu erlauben, zu viel an eine Sache zu denken. Du lernst deine Gedanken zu erwischen. Wenn dein Verstand anfängt zu kritisieren, erwische ihn, bevor er zu weit geht. Erkenne, der Gott in dir – dein wahres Selbst – kann dich nie in die Irre führen.

Ramana Maharshi tat viele seltsame Dinge. Alle Weisen tun das. Ich werde nicht darauf eingehen. Unnötig zu sagen, ein Weiser hat einen vollkommen anderen Hintergrund als du. Versuche nicht den Weisen zu schulen oder nach deinem Bild zu formen, wie du es mit Gott machst! Mit anderen Worten: Erwarte von dem Weisen nicht, dass er tut, was er deiner Meinung nach tun sollte. Denn letzten Endes, wer denkt? Das Ego! Wer sonst?

Erkenne das. Erinnere dich immer daran. Wenn du lernst, dich dem Weisen hinzugeben, dann wird der Weise immer mit dir sein und dich nie verlassen. Ob du schläfst, ob du wach bist, ob du arbeitest, du wirst nie wieder alleine sein. Liebe wird immer mit dir sein.

Aber noch einmal, dies ist nur für Leute, die durch viele, viele spirituelle Erfahrungen in ihrem Leben gegangen sind, die eine dunkle Ahnung haben, wovon ich spreche. Du kannst nicht einfach einen Menschen von der Straße holen und so sprechen, wie ich es hier heute Abend tue. Sie werden dir ins Gesicht lachen und ihres Weges gehen. Denn diese Leute haben noch nicht einmal angefangen, die Lektionen des spirituellen Lebens zu lernen.

Nur das Selbst existiert, und du bist das

Wenn ich sage, es gibt keine Person, keine Welt, keinen Gott, kein Universum, kein Leben, dann spreche ich aus Erfahrung. Hast du nicht die gleiche Erfahrung, ist es besser, nicht zu denken, nicht zu sprechen. Das macht Sinn. Denn wenn du aufhörst zu kritisieren, dann hörst du auf zu sprechen, hörst du auf zu denken. Nur das wahre Selbst kann aus dir entstehen. Wirklichkeit tritt in deine Existenz. Sie war immer da. Aber du hast sie erweckt.

Du beginnst, indem du nichts glaubst, was deine Sinne dir sagen. Akzeptiere auch nicht, was ich dir sage. Höre auf, dir über alles und jedes Sorgen zu machen. Höre auf, dich zu sorgen! Erinnere dich, alles ist gut. Du lebst in einem intelligenten Universum, das alles über dich weiß und sich um dich kümmern kann und alle deine Bedürfnisse auf die richtige Art erfüllt, auf eine Art, die du nicht kennst. VERTRAUE IHM. Vertraue auf das, was du nicht verstehst. LASSE ALLE ANGST FALLEN. Ich finde es so seltsam, dass Leute vor etwas Angst haben. Es gibt nichts im gesamten Universum, das in Angst begründet liegt. Angst ist eine menschliche Emotion. Ohne Gedanken gibt es niemanden, der Angst hat. Nur wenn du anfängst zu denken und dein Verstand alle möglichen Bilder von allen möglichen Situationen, die morgen oder am nächsten Tag oder genau jetzt passieren könnten, für dich malt, dann fängst du an, dich zu ängstigen. Und du hast nur aus einem Grund Angst: Du verstehst nicht, wer du wirklich bist! Du denkst, du seist ein menschliches Wesen mit allen möglichen Problemen. Und du sagst dir: „Wenn ich nicht an all diese Dinge denke, wer wird meine Probleme lösen? Wie werden meine Probleme je gelöst werden?“ Darum sage ich, versuche nicht, darüber nachzudenken, liebe einfach den Weisen, und um alles wird sich gekümmert werden.

Die Antwort auf all das ist einfach. Versuche nicht, es herauszufinden. Denn es gibt für ein Problem weder Zeit noch Raum. Es gibt weder Zeit noch Raum, Angst entstehen zu lassen. Zeit und Raum existieren nicht. Nur das Selbst existiert – das Reine Gewahrsein, Absolute Realität, nichts sonst. Und du bist Das.

Ich weiß, einige hier hören diese Worte, gehen nach Hause und vergessen alles wieder. Und dann werdet ihr wieder weltlich, denkt über euer Einkommen und über eure Krankheit nach, über Leute, die euch nicht lieben, über den verhassten Job und so weiter und so fort. Wenn ihr anfangt so zu denken, dann müsst ihr euch erwischen und an den Weisen denken.

Wie wunderbar es ist, diese Dinge zu verstehen! Der Rest liegt an euch. Friede.

WER IST DER WEISE?

Robert, wie unterscheidet man einen falschen von einem wahren Weisen?

Dein Herz wird es dir sagen. Als ernsthafter Schüler brauchst du dir um solche Dinge keine Sorgen zu machen. Irgendetwas in dir wird dir sagen, was zu tun ist, wohin du gehen sollst. Aber wenn du ein falscher Schüler bist, wirst du zu einem falschen Weisen gehen. Ähnliches zieht Ähnliches an. Deshalb musst du ehrlich mit dir selber sein, entsprechend dem was du bist, wer du bist, spirituell und bewusst. Darum sage ich, dass jeder an seinem richtigen Platz ist. Es gibt keine Fehler. Jeder ist da, wo er zu sein hat. Absolut keine Fehler. Und es gibt keine falschen Weisen. Ein falscher Weiser hat falsche Schüler. Sie tun, was sie tun müssen, nämlich mit einer falschen Lehre sein. Und das ist genau richtig. Wenn du also ernsthaft bist, wirst du den richtigen Weisen anziehen.

Wir brauchen uns nicht zu wundern, wo wir sein werden. Es hängt alles davon ab, was wir sind. Was du bist, spricht so laut, dass ich kein Wort von dem verstehen kann, was du sagst! Du bist immer am richtigen Platz, da wo du zu sein hast. Mache dich selber rein. Tauche in dein Herzzentrum ein. Sitze in der Stille. Wünsche dir Selbst-Verwirklichung mit deinem ganzen Herzen, mit deinem ganzen Verstand, mit deiner ganzen Seele. Schreie nach Gott. Und du wirst mit den richtigen Leuten sein. Alles wird sich um sich selber kümmern.

Robert, ist es für eine selbst-verwirklichte Person möglich, negative Wünsche zu haben? Und dabei die Schüler zu benutzen? Ich denke an ungefähr ein Dutzend selbst-verwirklichte Wesen, die ich getroffen habe. Ich kann mich an einen erinnern, der viel Liebe ausstrahlte, aber er hatte, so schien es, eine bestimmte Sache im Sinn. Er wollte von seinen Schülern wissen, wieviel Geld sie verdienten und versuchte, einen wöchentlichen oder monatlichen Scheck von ihnen zu bekommen. Wenn nun eine Person zum Diener oder Sklaven eines solchen Gurus würde – ich weiß nicht, ob es eine engstirnige Interpretation wäre, wenn ich das Negativität nenne. Würde dieser Schüler dann immer noch Gnade erhalten?

Solch ein Wesen – ein solcher Weiser ist kein erleuchtetes Wesen. Er ist nicht verwirklicht – um das klar zu machen.

Bist du sicher?

Ja. Ein selbst-verwirklichtes Wesen braucht nie etwas für sich selbst. Er braucht niemals etwas für sich selbst, er will nie etwas für sich selbst. Seine Schüler kümmern sich um ihn. Ein selbst-verwirklichtes Wesen, das eine Familie hat, wird trotzdem von den Schülern versorgt. Darüber sollte nicht gesprochen werden. Die Schüler sollten wissen, was zu tun ist. Aber wenn ein so genannter Weiser über Geld spricht, und wie du sagst herauszufinden versucht, wieviel seine Studenten verdienen, und ihnen sagt, sie sollen ihm Geld geben, dann ist ein solches Wesen nicht selbst-verwirklicht. Für einen befreiten Weisen macht es keinen Unterschied, wo er lebt, was um ihn herum vor sich geht, was er besitzt. Er denkt über solche Dinge gar nicht nach. Ein Weiser tut der Welt nichts Gutes. Er ist völlig nutzlos für die Welt. Also müssen die Schüler sich auf ihre eigene Art um den Weisen kümmern.

Wenn du total leer bist, nichts willst und nichts gibst, dann bestärkt das das Ego. Wenn du zum Selbst wirst, dann gibst du dem Selbst. Das Selbst gibt sich selbst. Solange jemand übrig ist, der denkt, er brauche nichts zu geben und er brauche nichts zu wollen, dann ist da immer noch der Ich-Gedanke, der an diese Dinge denkt. Wenn kein Ich-Gedanke übrig ist, dann existiert auch kein Handelnder mehr, und das Selbst handelt aus sich selbst heraus. Aber solange du den Ich-Gedanken hast „Ich muss geben", oder „Ich muss nicht geben", sind das die beiden Seiten derselben Medaille. Es ist der Ich-Gedanke, der Spiele mit dir spielt. Wenn du gibst, dann gibst du ohne Gedanken. Ein gutes Beispiel dafür ist das Mittagessen mit Henry neulich. Eine Obdachlose kam zu uns herüber und bat uns um ein paar Dollar und erzählte eine rührselige Geschichte. Ich war nicht sicher, dass die Geschichte stimmte. Aber es war egal. Henry gab dem Mädchen fünf Dollar und wir vergaßen sie. Da war kein Urteilen. Da war kein Denken: Was macht sie jetzt damit? Es war vergessen, sobald die Handlung geschehen war. Und so sollte es sein. Wir haben kein Recht, irgendetwas oder irgendjemanden zu beurteilen. Egal, ob wir etwas tun oder nicht. Dann lassen wir es allein und gehen weiter.

Robert, du hast eine Aussage gemacht, wenn ich das richtig verstanden habe – ich bin nicht sicher – dass der Weise für die Welt nicht gut ist. Hast du damit gemeint, dass der Weise unfähig ist, einen Job auszuüben, in dem logisches Denken verlangt wird, oder hast du etwas anderes gemeint?

Es hat Weise gegeben, die Berufe ausgeübt und in der Welt gearbeitet haben. Das ist Teil des körperlichen Karmas. Aber die Wahrheit ist, wenn das körperliche Karma zerstört ist, gibt es nichts, was der Weise in der Welt tun kann. Der Weise ist nur gut für die Übertragung der Gnade. Und anders würde er auch nicht funktionieren können.

Was ist es, was der Weise nicht kann, um sozusagen in der Welt zu arbeiten? Ist er unfähig, mit seinem linken Gehirn zu denken? (Gelächter).

Es gibt kein Gehirn.

Also gibt es kein Denken?

Es gibt keinen Ich-Gedanken, es gibt kein Denken über die Welt und die Bedürfnisse der Welt. Die Welt existiert für den Weisen nicht. Wie könnte der Weise sonst arbeiten?

Oh Gott, ich gehe besser in Rente, bevor ich selbst-verwirklicht werde.

Es wird sich von alleine regeln.

Robert, es scheint, dass Weise wie Jesus, Buddha und Mahatma Gandi nicht gearbeitet haben. Sie hatten keine Berufe.

Und was soll das?

Sie lebten, sie überlebten.

Natürlich. Wenn du vom Überleben sprichst, dann sprichst du vom Körper. Wenn du an den Weisen denkst, ist niemand da, der überleben muss, da ist kein „Ich", welches überleben muss.

Dann gibt es so etwas wie Angst nicht, das ist ausgelöscht.

Es gibt in dem Weisen keine Angst.

Du musst dich daran erinnern, was ein wahrer Weiser ist. Die Worte Jnana und Jnani werden heutzutage sehr frei benutzt. Ein Mensch, der Bhakta praktiziert, ist ein Bhakti, ist Hingabe, ein Anhänger der Hingabe. Es ist leicht zu sagen, ich bin ein

Bhakti, egal auf welcher Ebene des Bewusstseins du dich bewegst. Aber wenn es um Jnana geht, ist das vollkommen anders. Wenn du Jnana praktizierst, kannst du nicht sagen, ich bin ein Jnani. Jnani ist ein heiliges Wort. Es beinhaltet, dass du das Universum transzendiert hast, dass du nicht länger das Körper- oder Verstand-Phänomen bist. Du bist total befreit. Und wenn du es wärest, dann würdest du natürlich nicht sagen: „Ich bin ein Jnani." Denn es gäbe niemanden mehr, das zu sagen. Du würdest still bleiben.

Wir sprechen von Dingen wie spiritueller Heilung und versuchen, Jnanis mit Leuten wie Sai Baba, Jesus und anderen zu vergleichen. Aber es wäre besser, wir würden gar nicht vergleichen. Jeder Lehrer hat seinen Platz. Und jeder Lehrer hat das getan, was er zu tun hatte. Die unter uns, die angehende Jnanis sind, sollten nicht einmal über diese Dinge nachdenken. Wir sollten keine Konzepte oder vorgefassten Ideen darüber haben, was jemand sein oder nicht sein sollte. Wir sollten eher Selbst-Befragung üben oder zum Zeugen werden. Unsere Zeit damit zu verbringen anstatt Lehrer zu vergleichen oder zu verstehen versuchen, warum ein Jnani so handelt wie er oder sie es tut. Die Antwort ist natürlich sehr einfach. Es ist niemand zu Hause. Es ist niemand mehr da, um Wunder zu vollbringen. Wunder sind eine Vorstellung im Verstand, sie sind verstandesbedingt. Es muss ein Subjekt und ein Objekt geben. Es muss einen Handelnden geben und etwas, das getan werden muss. Und schon kannst du sehen, dass es nichts mit Jnana zu tun hat. Ein Jnani ist vollkommen frei von solchen Dingen.

Der Jnani weiß, es gibt keine anderen. Andere sind lediglich er selbst. Indem er also in einem Körper ist, ist der Jnani ein Nutzen für die ganze Menschheit. Der Durchschnittsmensch sollte überhaupt nie überlegen, ob er andern helfen sollte oder nicht, sondern er sollte es sich zum Grundsatz machen, jedem Bedürftigen zu helfen wenn er kann, ohne darüber nachzudenken. Das ist sowieso dein Karma. Auch das ist vorherbestimmt, jeder Schritt, den du in diesem Körper, auf dieser Ebene der

Existenz machen wirst. Du solltest dir darüber keine Sorgen machen. Aber wenn sich die Gelegenheit bietet, Leuten zu helfen, tue es in jedem Fall. Der Jnani ist über solche Fragen hinausgegangen. Der Jnani ist nicht von dieser Welt, obwohl er oder sie in dieser Welt zu sein scheint. Er ist Allgegenwärtig, Allumfassend, somit ist seine Existenz eine Wohltat für die ganze Menschheit. Einfach nur seine Existenz, weil er Allgegenwärtig, Allmächtig, Allwissend ist.

Wenn jemand für sich selber Werbung macht, im Fernsehen auftritt, im Radio zu hören ist, eine Menge Bücher schreibt und so weiter, dann kannst du sicher sein, dass diese Person kein Jnani ist. Das ist der erste Anhaltspunkt, an dem du das erkennen kannst. Warum? Es müsste ein persönliches Ich geben, um diese Dinge zu tun. In einem Jnani gibt es kein persönliches Ich. Das persönliche Ich ist getötet worden. Wie kann also ein Jnani wie ein persönliches Ich handeln? Und öffentliche Auftritte haben und all diese Dinge? Denke darüber nach. Es gibt in einem Jnani keinen Ehrgeiz mehr. Es gibt keine Ziele. Ein Jnani geht nicht von seinem Weg ab, um Unterricht zu geben. Das Letzte, was er tun würde ist, den Unterricht aufzubauen, Hunderte von Leuten anzulocken. Das ist unnötig. Diejenigen, die karmisch so geneigt sind, die den Preis in einem früheren Leben durch Meditation, durch Konzentration, durch Suchen bezahlt haben, werden automatisch von dem Weisen angezogen sein. Nichts wird das verhindern können.

Jeder in dieser Gruppe, der immer und immer wieder zum Satsang kommt, ist ein Mensch, der sich selbst in einem früheren Leben vervollkommnet hat. Ihr seid durch die Phase der mühelosen Aufmerksamkeit gegangen, und nun seid ihr bereit, den ganzen Weg zu gehen. Das bedeutet nicht, dass es nur noch ein Leben braucht, aber ihr seid sehr fortgeschritten. Und ob ihr das mögt oder nicht, es ist die Wahrheit. Es geht viel mehr in eurem Bewusstsein vor sich als ihr euch vorstellen könnt. Was glaubt ihr, warum ihr hierher kommt? Ihr meint, ihr kommt freiwillig her, aber das stimmt nicht. Ihr werdet dazu gezwungen. Dies ist eure Zeit.

Du siehst also, ein Jnani geht nicht umher und sucht Studenten. Der Jnani sucht nicht nach Bewunderung oder nach einer Gefolgschaft und will keine Bewegung aufbauen. Der Jnani bleibt wo er ist. Und diejenigen Studenten, die bereit sind, werden wie das Eisen vom Magneten angezogen. Sogar wenn ein Anhänger in China oder in Japan oder in Afrika lebt, ist die Schwingung des Jnani so stark, dass er sich hingezogen fühlt und früher oder später mit der letzten Phase seines Lebens in Kontakt kommt, mit der Liebe zu dem Weisen.

Deshalb musst du nicht überlegen, nichts planen, dir über nichts Sorgen, dir über nichts Gedanken machen. Du musst nur du selbst sein, und alles wird sich um sich selber kümmern. Ist das nicht herrlich? Du musst dir zu Hause keine Gedanken machen: „Soll ich diese Woche zu Robert oder soll ich ins Kino gehen?" Da ist etwas in dir, das alles vorher festgelegt hat. Warum also versuchen, Entscheidungen zu treffen? Viele von euch lernen, wenn ihr still bleibt und euch in gewisser Weise selber aus dem Weg geht, dann können die Dinge nicht besser für euch sein. Ihr findet Frieden, Glück, Freiheit. Ihr beginnt zu sehen, das alles gut ist und ihr sorgt euch nicht länger um die Lage in der Welt, um die Unmenschlichkeit der Menschen. Solche Dinge sind natürlich in dieser Welt der Illusionen wichtig, aber ihr beginnt das aus einem anderen Blickwinkel zu betrachten, aus einer anderen Perspektive. Ihr wisst, es ist so gut wie unmöglich, die Welt zu verändern, egal wie sehr die Menschen dies versucht haben. Die Welt entfaltet sich wie sie soll. Es wird immer die Unmenschlichkeit der Menschen geben. Es wird immer Zusammenstöße von Persönlichkeiten geben, Konflikte, Kriege. Das ist auf dieser illusorischen Ebene der Existenz nur natürlich. Denn wenn ihr versteht, dass dies eine Ebene der Dualität ist, wie können dann Dinge nur auf eine Weise sein? Könnt ihr euch eine völlig friedliche Welt vorstellen? Wo jeder jeden liebt? Das ist idealistisch, und in unserem Zustand der Täuschung wünschen wir uns, es wäre wahr. Doch das ist nicht die Natur dieses Planeten. Dieser Planet soll so verwirrend sein, wie er erscheint. Alles soll so sein wie es ist. Allein dieses zu verstehen ist schon ein fortgeschrittenes Stadium. Denn ihr erkennt, dass ihr nicht sagt, ihr würdet anderen nicht helfen. Ihr erkennt, dass ihr anderen nicht helfen könnt. Sogar wenn es so scheint als könntet ihr es. Es ist paradox.

Du gibst beispielsweise einem Obdachlosen eine gute Mahlzeit. Du nimmst ihn für ein paar Tage auf. Du gibst ihm fünfzig Dollar und er geht seines Weges. Einige Tage später ist er wieder genau da, wo er vorher war. Doch du hast getan, was du zu tun hattest. Deshalb solltest du nicht darüber nachdenken, wenn du jemandem hilfst. Du solltest nicht fragen, was los ist. Du solltest nicht einmal wissen wollen, ob du das Richtige getan hast. Du tust, was du zu tun hast und dann lässt du es fallen und vergisst es. Du wirst nicht Teil des karmischen Spiels. Du bist darüber hinausgegangen. Und während du friedvoll wirst, wird Ärger sich langsam aus deinem Bewusstsein lösen. Wenn alle Angst und Verbitterung und Hass überwunden sind und du anfängst diesen wundervollen Frieden zu fühlen, dann fängst du auch an zu bemerken, dass all diese Leute, die in deine Aura kommen, sich friedvoll und harmonisch fühlen. Du tust nichts vorsätzlich. Du bist einfach höher gestiegen. Du bist zu einer höheren Ebene des Bewusstseins aufgestiegen.

Eine Rose muss nicht erklären: „Ich bin wohlriechend.“ Das ist sie von Natur aus. Also musst du nicht erklären: „Ich tue eine gute Tat, ich helfe anderen.“ Von Natur aus kannst du gar nicht anders als anderen zu helfen, allein durch deine Präsenz. Und während du dich weiterhin entfaltest, wirst du bemerken, dass du weniger und weniger in die Spiele dieser Welt verwickelt bist. Du spielst weniger und weniger Spiele. Du lässt andere bis zu einem gewissen Grad in Ruhe. Wenn du kein gutes Wort sagen oder auf irgendeine Weise helfen kannst, schweigst du. Und durch deine Stille hast du jemand anderen gesegnet. Wenn du tatsächlich zu deinem wahren Selbst wirst, wenn du zu deiner wahren Natur erwachst, fängst du an zu erkennen, dass es nichts zu tun gibt. Niemandem muss geholfen werden, denn du weißt, dass das gesamte Universum eine Vorstellung deiner selbst ist. Und wenn du gar noch weiter gehst, dann bist du nicht länger dein selbst mit kleinem „s", sondern du bist das Universelle Selbst, und die Welt betrachtend, siehst du nur das Selbst. Noch einmal, das ist paradox. Wenn ein Weiser die Welt betrachtet, dann sieht er alles was du siehst, und doch schaut er durch alles hindurch. Er sieht Bewusstsein, Absolute Realität. Es ist wie mit einem verbrannten Seil. Ein Weiser erkennt, dass das Seil verbrannt ist und niemandem mehr nützt, wohingegen der durchschnittliche Mensch ein verbranntes Seil anschaut und glaubt, das Seil sei real und könne benutzt werden. So ist es, wenn der durchschnittliche Mensch die Welt betrachtet. Alles was die Sinne ihm sagen, erscheint wirklich. Er identifiziert sich mit all diesen Dingen. Er identifiziert sich mit Situationen, mit Personen, mit Orten, mit Dingen. Der Weise hingegen sieht das Gleiche, aber er ist sich nur des Selbst als Universum bewusst. Versuche nicht, das zu analysieren. Erinnere dich, der endliche Verstand kann das Unendliche nicht begreifen.

Was ist ein Jnani, ein Weiser? Um die Antwort zu finden, muss die Frage lauten: Was ist ein Weiser nicht? Ein Weiser ist nie ein Yogi oder ein spiritueller Lehrer oder ein Meditationslehrer. Ich benutze den Begriff Jnani und Weiser im Wechsel. Ein Weiser hat euch absolut keine Lehre zu geben. Wenn ihr eine Lehre haben wollt, dann müsst ihr zu einem spirituellen Lehrer gehen, einem Yogi, einem Meditationslehrer. Aber ein Weiser wird euch niemals eine Lehre geben. Es geht nur darum, in der Präsenz des Weisen zu sein – so vollzieht sich die Lehre. Ein Weiser lehrt kein tantrisches Yoga, kein Kundalini Yoga, Hatha Yoga, Raja Yoga, Laya Yoga oder etwas anderes. Denn alle Lehren kommen aus dem Verstand. Wo sonst sollten sie herkommen? Das sind alles mentale Konzepte. Der Weise ist jenseits des Verstandes, jenseits solcher mentalen Konzepte. Wie kann also ein Weiser eine Lehre geben? Ein Weiser ist Absolute Realität, Reines Gewahrsein. Der Begriff Weiser ist sehr vage.

Weiser bedeutet Allumfassend. Der Weise ist nicht auf einen Körper beschränkt, wie auch immer. Ein Weiser ist das gesamte Universum, Allumfassend, überall präsent. Um also in Kontakt mit dem Weisen zu sein, müsst ihr nur an den Weisen denken, dann seid ihr in Kontakt mit ihm.

Aber es gibt keine Lehre. Die Lehre ist Leere. Wenn eine Person sozusagen „erleuchtet" wird. Ich benutze diese Begriffe sehr ungern, weil sie so bedeutungslos sind. Aber damit ihr versteht, wovon ich spreche, verwende ich diese Begriffe sehr locker. Ich mache es einfach für euch, damit ihr versteht. Wenn eine Person, ein Wesen sozusagen „erwacht", dann hat dieses Erwachen absolut nichts mit dem Körper zu tun. Es gab in der Geschichte Weise, die Könige und Königinnen oder Arbeiter waren. Sie waren verheiratet oder alleine. Sie hatten Freunde oder Freundinnen, was auch immer der Fall war. Einige lebten in Höhlen und schlossen die Welt vollkommen aus. Andere reisten von einem Land ins nächste, sie waren nicht an einem bestimmten Ort interessiert. Ein Weiser sucht nie nach irgendetwas, denn er hat nichts mehr zu suchen. Ein Weiser hat alles erreicht, was es zu erreichen gibt. Der Weise ist Totale Freiheit, Absolute Realität, Absolute Freiheit. Freiheit von Wünschen, Freiheit von Bedürfnissen. Doch der Körper des Weisen bleibt derselbe. Nicht für den Weisen, aber für die Leute, die ihn anschauen. Der Weise erkennt, dass er keinen Körper hat. Er hat keinen Körper. Aber der Körper des Weisen geht durch sein Karma. Damit der Weise auf diese Ebene kommen und sich selbst als Weisen präsentieren kann, muss er oder sie einen Körper annehmen. Ansonsten würde nie jemand von einem Weisen hören. Wenn Ramana Maharshi keinen Körper gehabt hätte, hätte nie jemand von ihm gehört. Das gilt für jeden Weisen, der je gelebt hat. Sie alle haben einen Körper, um auf ihre eigene unnachahmliche Weise zu lehren. Also ist alles, was der Weise tut, sozusagen eine Lehre. Der Weise ist kein Lehrer, aber alles, was er tut, ist eine Lehre.

Ein Weiser tötet deinen Verstand, er zerstört ihn. Und ist der Verstand zerstört, ist da ewiges Glück, totale Freiheit. Solange du einen Verstand hast und denkst, wirst du nie glücklich oder friedlich sein. Unmöglich. Denn dies ist keine Welt des Glücks oder des Denkens. Diese Welt ist keine Welt des Friedens. Doch der Körper scheint dieselben Dinge zu tun wie jeder andere auch. Es ist wie mit dem Beispiel vom Ventilator: Du ziehst den Stecker heraus und er wird noch eine Weile weiterlaufen, bis er aufhört. Du ziehst den Stecker aus dem Ventilator, er hört nicht sofort auf, nicht wahr? Er läuft noch eine Weile weiter, bevor er langsamer wird und stillsteht. So ist es auch mit dem Körper des Weisen. Er kommt sozusagen mit bereits herausgezogenem Stecker auf diese Ebene. Wenn der Ventilator stoppt, verschwindet der Weise. Er lässt den Körper los und geht. Während der Weise sich also auf dieser Ebene befindet, ist er wie ein Ventilator, der ohne Strom läuft. Er sammelt kein Karma an und scheint nie zu sein.

Es gibt viele verschiedene Jnanis. Über diese Dinge können wir nicht urteilen. Das Schlimmste, was wir je tun können, ist zu urteilen, zu vergleichen, Fehler zu finden. Solange wir glauben, ein Körper und ein Verstand zu sein, können wir nie verstehen, was ein Weiser wirklich ist – niemals. Es ist unmöglich. Denn der Verstand ist nicht dazu in der Lage. Es gibt bestimmte Weise in der Welt, die Avadhoots genannt werden. Avadhoot bedeutet „verrückter Könner". Solch ein Weiser kommt in diese Welt, um deine Welt auseinanderzunehmen. Er ist absichtlich hier, um deine Welt auseinanderzunehmen, zu sehen was du glaubst, deine Systeme. Alles wofür du stehst. Der Weise reißt dich in Stücke. Um dir zu zeigen, dass du nicht in irgendetwas verwickelt sein musst. Mit anderen Worten: Der Weise kann in eine Bar gehen, er sieht dort eine Gruppe von Leuten, die trinken, er trinkt mit ihnen, wird einer von ihnen. Er kann doppelt so betrunken werden wie sie. Aber sie werden durch seine Gegenwart einen Unterschied fühlen. Was geschieht dann? Sie werden ein inneres Erkennen erleben und ein spirituelles Leben einschlagen. Ein Weiser mag wie ein Dummkopf scheinen, aber nur von deinem Standpunkt aus. Denn der Weise hat nichts mit dem Körper zu tun.

Nimm die Leinwand als Beispiel. Du siehst den Film „The Godfather" (Der Pate). Auf der Leinwand siehst du alle Arten von Gewalt, von Mord, schwerer Körperverletzung, Verwirrung. All das geschieht auf der Leinwand, überall Blut. Aber wird die Leinwand davon berührt? Wenn der Film vorbei ist, ist die Leinwand noch immer die Gleiche wie vorher. Sie ist nicht im Geringsten berührt worden. Die Bilder sind vorbeigezogen und weg, doch die Leinwand bleibt dieselbe. So ist es mit dem Weisen. Ein Weiser erkennt immer, dass er die Leinwand ist. Und all die Bilder sind eine Überlagerung auf ihm.

Alles was der Körper des Weisen tut, ist einfach so wie die Bilder auf der Leinwand. Doch das Paradox ist: Der Weise weiß, dass er der Weise ist, mit anderen Worten, mit anderen Namen. Er erkennt, dass der Körper nur ein Körper ist. Wenn du den Weisen anschaust, siehst du etwas anderes. Du siehst ein menschliches Wesen. Du siehst eine Person wie dich selbst. Und du erschaffst einen Weisen als Abbild deiner selbst. Du hast bestimmte Erwartungen an den Weisen. Du erwartest, dass er sich auf eine bestimmte Art benimmt, bestimmte Dinge tut, von denen du glaubst, sie seien wahr und richtig. Du denkst, das sei wirklich.

Der Weise hingegen lächelt immer und ist glücklich, beobachtet und nimmt dich wahr. Er lässt dich alleine, lässt dich sozusagen dein eigenes Grab graben. Der Weise wird sich nie in dein Leben einmischen. Erinnere dich: Der Weise ist kein Problemlöser. Alle Probleme kommen aus dem Verstand. Was hat der Weise damit zu tun? Nichts. Alles kommt aus dem Verstand. Der Weise aber ist jenseits von Verstand, jenseits von Denken, von Gedanken, von Tun, jenseits von Erscheinungen. Darum gibt es nichts, was kraftvoller ist als mit dem Weisen zu sein. Und einen ruhigen Verstand zu haben.

Dein Job ist es, niemals, niemals zu urteilen, was auch immer geschieht. Habe keine Meinung für oder gegen irgendetwas.

Warum? Weil das genau das ist, wo du herkommst. Das ist, wie du es siehst. Wenn ich manchmal so spreche, dann bläst es das Ego weg. Denn das Ego sitzt da und sagt: „Das kannst du nicht zu mir sagen. Ich habe meinen eigenen Verstand. Ich habe meine eigene Meinung." Das hält dich wirklich zurück, wenn du hier bist, um erleuchtet zu werden, um aufzuwachen. Du hältst dich selbst zurück, weil du urteilst. Du hast deine eigenen vorgefassten Ideen darüber, was ein Weiser ist, was du bist, was du willst, was du brauchst. Das hemmt dein Wachstum. Darum ist die beste Aktion für dich, mit dem Denken überhaupt aufzuhören. Ertappe dich jedesmal, wenn du denkst. Und halte es an. Halte deinen Verstand total und vollkommen vom Denken ab. Denn alle Gedanken sind falsch. Es ist mir egal, was es für Gedanken sind, wie gut die Gedanken sein mögen, wie verdreht dein Denken sein mag. Solange du denkst, behinderst du dich selbst.

Einige von euch mögen sagen: „Aber was ist mit meiner Arbeit? Ich muss an meine Zukunft denken. Ich muss an die Gegenwart denken. Ich muss an meine Rechnungen denken. Ich muss an meine Familie denken. Ich muss an dies und das denken." Da ist eine Kraft, die den Weg kennt. Wenn du dich dieser Kraft ganz hingibst, werden all deine Bedürfnisse von innen befriedigt. All deine Bedürfnisse werden von innen befriedigt, immer. Aber wenn du dasitzt und urteilst, sagst, du kannst Frieden und Glück finden indem du bestimmte Dinge tust, dann wird es nie geschehen. Und der Körper wird wieder und wieder und wieder auf diese Erdebene zurückkommen. Immer suchend, immer nach etwas suchend, aber nie einfach nur im Sein.

Ein wahrer Jnani wird immer etwas sein, das du nicht selber verstehen kannst. Es ist unmöglich. Du kannst das mit deinem Verstand nicht begreifen. Denn es gibt keine Erklärungen im Verstand. Daher erwartest du von dem Weisen, dass er das ist, was du bist. Und du wirst sagen, er ist einfach ein Mensch wie ich. Er oder sie macht die gleichen Dinge wie ich. Bedenke immer wieder: Der Weise weiß, er hat keinen Körper. Auch wenn du einen Körper siehst, weiß der Weise hundertprozentig, dass er keinen Körper hat, nie einen Körper hatte und nie einen Körper haben wird. Und der Weise schaut dich an und sieht sich selbst. Er schaut die Welt an und sieht sich selbst. Der Weise kann in der Welt nichts anderes sehen als das Selbst, denn er sieht sich selbst, wo immer er auch hinschaut. Damit meine ich, er erkennt, dass das ganze Universum in ihm ist. Es geht vom Verstand aus. So erscheint es für dich. Dir wurde gesagt: Beurteile nie etwas nach seiner Erscheinung. Jeder Lehrer hat das gesagt. Urteile nicht nach Erscheinungen. Doch die meisten von uns tun das. Es liegt an jedem von uns, das Richtige zu tun. Und die Wahrheit über den Körper zu lernen.

Sei nicht vom Leben gelangweilt. Einige von euch finden Satsang langweilig. Und ihr sucht nach neuen Lehrern, neuen Satsangs, neuen Jobs, neuen Leuten in eurem Leben. Wir suchen nach Glück, nicht wahr? Wir werden sofort glücklich sein, wenn wir all die Dinge tun, die wir gerade erwähnt haben. Nichts jedoch könnte weiter von der Wahrheit entfernt sein. Es wird nur vorübergehend sein. Deshalb bleibt ein weiser Mensch unter allen Umständen bei dem Jnani. Es interessiert ihn nicht, ob er gelangweilt ist oder nicht, egal was vor sich geht. Wenn du die ganze Zeit in der Gegenwart des Weisen bist, wird das automatisch geschehen. Wenn du dich langweilst und Dinge verändern willst, dann fängst du wieder von vorne an. Du wirst wieder geboren. Du gehst in ein neues Land, findest einen neuen Lehrer und du hörst etwas Interessantes. Du bindest dich an den Lehrer. Aber auch er wird nach ein paar Jahren langweilig und du suchst nach jemand anderem. Es hört nie auf. Alles wird aufhören, wenn du aufhörst. Wenn du still wirst und Bewusstsein anfängt, sich durch dich zu bewegen, du zu werden. Das ist die Bedeutung von: „Sei still und wisse, ich bin Gott."

Sei still. Höre auf zu suchen. Höre auf zu schauen. Höre auf zu sein. Du hast bereits alles. Du bist bereits total frei und befreit. Also sei es.

SELBST, JENSEITS VON VERSTAND – DIE SUCHE NACH DER WAHRHEIT

Wir leben in einer dualen Welt. Auf jedes Hoch folgt ein Tief. Für jedes Rückwärts gibt es ein Vorwärts. Für jeden Druck nach vorne gibt es die gleiche Menge an Druck nach hinten. Das ist Dualität.

Wenn du von der Welt abhängig bist, wirst du immer enttäuscht sein. Warum sollten wir uns also miteinander streiten? Warum sollten wir uns gegenseitig kränken? Warum sollten wir glauben, dass irgendwo etwas falsch ist? Weil wir nicht verstehen. Wenn du versuchst, das Leben mit deinem Verstand zu verstehen, wirst du nirgendwohin gelangen. Alles wird nur verwirrender werden. Du kannst das Leben nicht so verstehen wie es erscheint. Niemand kann das. Wenn du versuchst, das Leben so zu verstehen wie es erscheint, wirst du verrückt werden. Schau dir die Welt an. Hat es jemals Frieden gegeben? In einer Welt der Dualität kann es keinen Frieden geben. Für jeden kollektiven Frieden in der Welt gibt es einen kollektiven Krieg und für jeden Krieg gibt es einen Frieden. Und so geht es immer weiter.

Wenn du dir dein Leben rückwirkend anschaust, wirst du sehen, dass die Dinge mal verdreht und mal richtig herum waren. Dinge bleiben für eine Weile wie sie sind, und dann verändern sie sich. Nichts bleibt je dasselbe. Darum lernen wir, uns Gott zuzuwenden. Denn Religionen sagen uns, Gott sei die Antwort. Doch niemand versteht, was Gott ist. Was bedeutet das Wort Gott? Es ist normalerweise etwas, dem sich jemand zuwendet, wenn sein Leben eine Katastrophe ist. Wenn Dinge im Leben nicht richtig laufen, dann wenden die Leute sich Gott zu. Aber ist das die Antwort? Es hat mehr Kriege im Namen der Religion gegeben als alle anderen Kriege zusammengenommen. Wenn wir anfangen, ein wenig Weisheit zu entwickeln, dann werden wir erkennen, dass wir uns nach innen wenden müssen. Der einzige Gott, den wir je entdecken werden, ist „ICH BIN". Wir beginnen also, ICH BIN zu untersuchen. Am Anfang glauben wir, ICH BIN sei von uns getrennt. Wenn wir beten, wenn wir friedlich werden, wenn wir Demut entwickeln, wenn wir Liebe entwickeln, fangen wir an, etwas anderes zu fühlen. Wir beginnen zu fühlen, dass unsere wahre Natur expansiv ist. Dass wir nicht durch den Körper begrenzt sind. Wir fangen an zu verstehen, dass diese Ausdehnung dem Verstand angehört, beschäftigen uns jahrelang mit den mentalen Wissenschaften und erkennen, dass alles aus dem Verstand kommt und der Verstand grenzenlos ist. Eines Tages fragen wir: „Wo kam der Verstand her?" Und wir kommen zu dem Ergebnis, dass der Verstand eine Anordnung von Ideen, Vorstellungen, Dingen ist. Mit anderen Worten, wir entdecken, dass der Verstand nur ein Bündel von Gedanken ist, Gedanken über die Vergangenheit, Gedanken über die Zukunft.

Während wir wachsen, suchen wir nach einem Weg, den Verstand auszulöschen, über den Verstand hinauszugehen, ihn umzuwandeln. Denn wir beginnen zu erkennen, dass es der Verstand ist, der uns an die Erde bindet, der uns denken lässt, wir seien menschlich. Und es ist auch der Verstand, der uns denken lässt, dass wir expansiv seien, dass das gesamte Universum eine Kreation des Verstandes sei. Alle diese Dinge sind wahr auf unserer Suche nach der Wahrheit. Es hat nie einen Fehler gegeben. Es gibt diese Leute, die mit verschiedenen Yogaformen zu tun haben, besonders Raja Yoga. Sie fangen an zu fühlen, wie machtvoll der Verstand ist und dass er alles und jedes geschehen machen kann. Und so ist es. Die meisten Leute bleiben ihr Leben lang auf dieser Ebene, sie entdecken interessante Arten, den Verstand zu benutzen. Sie versuchen durch Benutzen des Verstandes erfolgreich zu sein, sie versuchen durch Benutzen des Verstandes zu heilen. Solange diese Leute nicht einen erfahrenen Lehrer finden, der sie aus dem Verstand herausführen kann, solange werden sie noch Tausende von Jahren mit dem Verstand verwickelt sein. Denn der Verstand liebt es, Spiele mit dir zu spielen. Er liebt es, dich glauben zu machen, dass du wiedergeboren wirst und dass du durch astrale Ebenen und mentale Ebenen und kausale Ebenen gehst, dass du schon tausendmal vorher gelebt hast, dass du verschiedene Erlebnisse bereits Tausende von Male hattest. Diese Dinge sind für den wahr, der an seinen Verstand glaubt. Genauso wie ein Traum solange wahr ist, wie du träumst. Während du träumst, wirst du nie glauben, dass dein Traum nicht real ist. Während du aus deinem Verstand heraus operierst, wirst du nie glauben, dass die Erfahrungen deines Lebens nicht real sind.

In diesem Moment sitzen wir alle hier und du glaubst, dass du inmitten einer Gruppe von Leuten sitzt und dass ich einen Vortrag halte und dass alles real ist. Aber die Wahrheit ist: Nichts davon existiert. Es ist sehr schwierig, über den Verstand hinaus zu gehen. Solange wir auf der Ebene des Verstandes operieren, fühlen wir uns sicher und geborgen. Wir lernen, dass wir unsere Meinung ändern können, wenn wir eine Situation nicht mögen. Wenn wir ein neues Leben erschaffen wollen, stellen wir uns das zuerst in unserem Verstand vor. Wir benutzen unsere Vorstellungskraft, um ein Bild von der Situation zu schaffen, in der wir gerne wären, und der Verstand wird sie dann erschaffen. Dies ist soweit wahr. Aber es bringt dir weder Frieden, noch Befreiung oder Glück.

Wenn du Mindgames spielst, musst du durch alle möglichen Erfahrungen gehen. Doch wenn du wirklich ernsthaft bist und Demut und Vertrauen in das Unbekannte setzt, dann wird etwas mit dir geschehen. Du wirst dich zu einem Lehrer hingezogen fühlen, oder es wird sogar von alleine geschehen, was allerdings sehr selten ist. Du wirst zu dem Ergebnis kommen, dass der Verstand zerstört, total ausgelöscht werden muss, wenn du befreit werden willst. Und du fragst dich, wie du das machen sollst. Wenn du keinen geeigneten Lehrer hast, wirst du möglicherweise durch eine Inkarnation nach der anderen gehen, ein Jahrhundert nach dem anderen, und in den Ablenkungen des Verstandes gefangen sein. Aber wenn du innerlich die richtige Haltung hast – und ich benutze noch einmal den Begriff Demut – und wenn du offen bist, dann wird entweder ein Lehrer oder ein Buch oder etwas in dir, nämlich das Selbst, dir sagen, dass du den Verstand zerstörst, indem du deine Gedanken anhältst, indem du allem Denken ein Ende setzt, deinen Verstand beruhigst, einen stillen Verstand hast.

Sobald der Verstand von Gedanken frei ist, zeigt sich deine wahre Natur, entsteht Verwirklichung von selbst. Also befreie dich vom Denken aller Gedanken. Erinnere dich: Ich sage nicht, du sollest schlechte Gedanken gegen gute austauschen. Das wäre sinnlos. Das würde nur für eine kurze Dauer anhalten. Du sollst alle Gedanken beseitigen und in einem Stadium ohne Gedanken ankommen. Wie macht man das? Du fängst an, Mantren zu benutzen, denn es stimmt, wenn du Mantren wiederholst, hast du keine Zeit zum Denken. Es ist der einzige Gedanke, der anhält. Und wenn du das Mantra korrekt wiederholst und aufrichtig dabei bist, dann wird dein Verstand langsamer werden. Wenn deine Konzentration zielgerichtet wird, dann gehst du in einen Zustand, der Savikalpa Samadhi genannt wird, wo du dich auf einen Punkt konzentrierst, auf ein Mantra. Das dauert lange und bedeutet viel Arbeit. Wenn du Mantren benutzt, braucht es gewöhnlich mehrere Leben, bevor du zum nächsten Stadium gelangst. Aber es kommt eine Zeit, wo das Mantra wirkt und für eine Weile Stille da ist. Wenn du mit Mantren übst, kommt eine Zeit, wo du lange Perioden tiefer Stille erfährst. Du löst dich für eine Weile im Bewusstsein auf und schmeckst die Glückseligkeit der Ewigkeit. Dieses Stadium nennt man Nirvikalpa Samadhi. Aber es hält nicht an. Du magst im Nirvikalpa Samadhi sehr fähig sein und Kunststücke ausführen wie z.B. für eine Woche lebendig begraben zu sein, dann wieder ausgegraben zu werden und immer noch lebendig zu sein. Du magst fähig sein, dein Herz anzuhalten und auszusehen als seist du tot, doch du bist mit der Absoluten Realität verschmolzen. Aber dann kommt alles wieder zurück; die Welt kommt immer wieder zurück. Und du hast immer noch mit deinen Problemen zu tun. Du hast mit der Welt zu tun. Du hast immer noch einen sorgenvollen Verstand, außer in den

Momenten, wo du in Nirvikalpa Samadhi bist. Aber es hält nicht an. Alleine kann ein Mensch nur so weit kommen, und es sind nur sehr wenige, die alleine weiter kommen können.

GURU, GNADE, DIENEN UND BEFREIUNG

Der durchschnittliche Meditierende muss einen Satguru finden, einen Erleuchteten, der durch dieses Stadium gegangen ist; dieser Erleuchtete kann ihm Gnade geben, so dass er über Nirvikalpa Samadhi hinausgehen kann ins Sahaja Samadhi. Das bedeutet, wieder normal zu werden, jedoch immer in einem Zustand von Glückseligkeit zu weilen, über die Welt hinauszugehen, in einem permanenten Zustand von Befreiung zu sein und doch wieder zu deinem normalen Selbst zurückzukommen. Mit dem normalem Selbst meine ich, dass du funktionierst wie jeder andere in der Welt, aber tief innen nicht von dieser Welt bist. Du bist gänzlich befreit worden. Du bist zu Absoluter Realität, zu Reinem Gewahrsein geworden. Du bist allumfassend geworden. Du bist total frei.

Viele Leute fragen mich immer und immer wieder: „Robert, was ist der schnellste Weg dahin?“ Es gibt viele Lehren. Normalerweise kann ich bei einem Menschen sehen, wie weit er in seiner spirituellen Entfaltung gekommen ist und wie er sich entwickelt. Es gibt einen Weg, der über allen anderen steht, ein Weg, auf dem du schneller als auf jedem anderen Weg dort ankommst. Und das teile ich normalerweise nur mit sehr nahen Anhängern. Der Grund dafür ist, dass es von anderen falsch verstanden wird. Bei denen, die nicht vorbereitet sind, das zu hören, kann es die Knöpfe drücken. Einige werden sogar ärgerlich darüber. Doch heute abend habe ich das Gefühl, dass jeder hier in seinem spirituellen Leben sehr aufrichtig ist, also werde ich das mit euch teilen. Und es ist sehr einfach. Es ist jenseits der Selbst-Befragung, es ist jenseits des Beobachters, es ist: Dem Guru zu dienen. Wie findet ihr das?

Warum? Jay weiß warum. Warum, Jay?

Ich weiß es nicht.

Du weißt es. Wenn du dem Guru dienst, dann dienst du dem Selbst. Es gibt nur ein Selbst. Daher dienst du deinem Selbst. Es gibt keine zwei Wesen, den Guru und den Schüler. Du fängst an das Selbst zu werden, denn du dienst dem Selbst.

Jeder große Weise hat dieses Geheimnis mit den engsten Schülern geteilt. Und es ist nicht für jeden, besonders im Westen. Heute Abend fühle ich, dass ich es mit euch teilen sollte.

Was meinst du mit Dienen?

Behandle den Lehrer so, wie du dich selbst behandeln würdest. Mit anderen Worten, mache keinen Unterschied. Der Guru wird zu dir selbst, deinem Geliebten, deiner Mutter, deinem Vater, deinem Selbst. Wenn du an dich selbst denkst, dann willst du das Beste für dich. Wenn du also an deinen Lehrer denkst, dann willst du das Beste für deinen Lehrer. Es gibt nicht mehr zwei. Da ist nur noch einer. Darum wurden viele Schüler von Ramana Maharshi wie Ramana Maharshi. Sie benahmen sich wie er, sprachen wie er, hatten alle seine Angewohnheiten. Sie wurden befreit. Denn es gibt nur einen Befreier, und das ist dein Selbst.

So viele von euch haben mich nach dem schnellsten Weg dorthin gefragt; ich habe ihn offenbart. Ich glaube, das ist sehr wichtig. Wenn ihr also irgendwelche Fragen habt, fühlt euch frei zu fragen.

Nun, wenn ich mit Ramana bin, wie kann ich ihm dann dienen und so sein wie er, wenn es doch nur meine Interpretation von dem ist, was er ist, meine Wahrnehmung von dem, was er ist?

Du musst dich vollkommen hingeben. Das ist das Erste, was du tust. Du gibst alle deine Gedanken, all deinen Ehrgeiz, deine Zweifel, deine Furcht, dein ganzes Sein dem Selbst hin. Du entleerst dich von all deinen vorgefassten Ideen, all deinen Konzepten, als würdest du eine Mülltonne ausleeren. Du entleerst dich total und vollkommen von all deinen vorgefassten Ideen, von allem, was du je wusstest und gelernt hast, und gibst das alles dem Selbst.

Wäre nicht Dienst an jeglicher Form des Lebens, als das Selbst gesehen, genauso effektiv wie der Dienst an einem Guru?

Nicht wirklich. Wenn du zum Beispiel einem Baum dienst und etwas um diesen Baum herum anpflanzt und dich um den Baum kümmerst und ihn bewässerst, wirst du sehen, wie wunderbar der Baum wächst. Aber kein Baum ist in der Lage, Gnade zu geben. Nur ein selbst-verwirklichtes Wesen kann Gnade geben. Wenn du also der Menschheit dienst, der Natur, dann ist das nur ein Aspekt des Bewusstseins. Aber wenn du einem Satguru oder dem Selbst dienst und dich hingibst, dann kommt das Resultat, die Gnade sehr schnell zu dir. Noch einmal: Nur durch einen selbst-verwirklichten Weisen kann die Gnade kommen, so dass du wie der Weise wirst.

Sprach Ramana nicht über den Weisen Donatrea – dass er vierundzwanzig Meister hatte, und ich glaube, das beinhaltete auch leblose Objekte?

Dattatreya. Ja, ich weiß, wen du meinst. Das stimmt. Aber wie ich schon vorher sagte, so wie Ramana alleine selbstverwirklicht wurde, obwohl er gar nichts tat, geschieht das sehr selten. Darum ist es gefährlich, Bücher über Weise wie Dattatreya zu lesen, besonders für westliche Menschen. Denn in den Büchern steht, wie du gerade sagtest: Er gab sich den Bäumen hin, den Flüssen, den Bergen, den vierundzwanzig Elementen, und er wurde befreit. Das ist für ihn alles wunderbar, aber was ist mit dir? Dies sind sehr seltene Wesen. Versucht euch wieder daran zu erinnern: Der einzige Grund, weshalb ich das mit euch teile ist, dass so viele von euch mich anrufen und sagen: „Ich habe seit Jahren geübt, ich habe Selbst-Befragung geübt, bis sie mir zu den Ohren herauskam, und nichts geschieht." Lasst mich noch einmal sagen: Selbst-Befragung ist eine exzellente Übung, und wenn ihr Zeit und Raum vergesst, wird sie euch schließlich zum Ziel bringen. Aber der schnellste Weg, um in diesem Leben dort anzukommen, ist totaler Dienst und Hingabe an das Selbst. Wenn jemand sich damit nicht gut fühlt, sagt es mir. Über diese Dinge wird nicht diskutiert. Ich habe mit Ramana darüber gesprochen und er stimmte mir hundertprozentig zu. Aber er sagte auch: „Diese Methode ist nur für reife Anhänger gut."

Also, was denkt ihr? Ich sage euch das nicht meinetwegen. Darum ist es manchmal gefährlich für mich, solche Dinge zu sagen. Versteht das nicht falsch. Ich bin niemand Wichtiges. Ich offenbare euch nur die Wahrheit. Ihr könnt das nehmen wie ihr wollt. Und ich mache das auch, weil so viele von euch mich danach gefragt haben. Ich denke, ihr seid reif genug, so dass ich das mit euch teilen kann.

Robert, kann Selbst-Befragung dazu führen, dass eine Person fähig wird, sich vollkommen dem Guru hinzugeben?

Ja, mit Sicherheit.

Ich fühle, dass das alles für mich so weit weg ist, dass ich so selbstsüchtig bin und nicht bereit Dinge aufzugeben.

Danke für deine Ehrlichkeit. Die meisten westlichen Menschen sind so. Sie sind nicht mit dieser Art von Verstehen aufgewachsen. Das Ego ist in den meisten westlichen Menschen sehr stark. Und ich spreche über solche Dinge gar nicht gerne. Wie ich vorher sagte, es drückt Knöpfe, wenn ich so spreche. Es ist nur für wenige Leute, die bereit sind, den ganzen Weg zu gehen und in diesem Leben total befreit zu werden.

Robert, wenn ich meinen kleinen Verstand loslassen will, dann hast du mir, denke ich, eine Möglichkeit gezeigt, wie ich meinen Verstand einer selbst-verwirklichten Person hingeben kann. Ich muss willens sein, entweder zu vertrauen oder etwas zu riskieren. Du weißt, es gibt immer Leute, die darüber sprechen, dass sie Gurus begegneten, die sich als vertrauensunwürdig erwiesen. Du hast mir also einen Tritt in den Hintern gegeben, der gut ist, glaube ich. Vielleicht werde ich dir nicht dienen, denn wenn all die andern fünfundfünfzig Leute hier anfangen, das zu tun, wird kein Platz mehr für mich sein, so werde ich jemand anderen finden müssen (Gelächter).

Ich sage nicht, dass du speziell mir dienen sollst. Ich fordere dich auf, deinem Selbst zu dienen.

Ich verstehe, aber es verleitet mich dazu, dem Selbst zu dienen.

Es gibt nur ein Selbst. Dieses Selbst ist der Baum, der Berg, aber der gibt keine Gnade.

Ja, das war eine gute Erklärung. Weil ich mich genau darüber gewundert habe, und du hast das wirklich gut erklärt. Der Unterschied ist die Gnade.

Die meisten von euch waren hierfür bereit. Darum habe ich es mit euch geteilt.

DIE NOTWENDIGKEIT EINES LEBENDEN GURUS

Muss der Guru im Körper sein? Wenn man Ramana als Guru hat…

Wenn du wirklich schnell vorwärtskommen willst, dann folge einer Richtung. Gehe einen bestimmten Weg. Du wirst möglicherweise einige Widersprüche finden, wenn du verschiedene Bücher liest, und du wirst verwirrt und sogar empört sein. Hier ein Beispiel. Das Buch von Lakshmana Swami: „No Mind. I am the Self." Viele von euch haben es gelesen und ihr wart so erregt darüber, dass ich es auch gelesen habe. Normalerweise lese ich keine Bücher. Aber ich erkenne die Widersprüche. Und jemandem, der versucht, aufzuwachen, können diese Widersprüche Schwierigkeiten machen. Sie können euch behindern. Denn ihr versteht das nicht. Einen dieser Widersprüche werde ich erklären.

Lakshmana Swami behauptet, der einzige Weg zur Erleuchtung sei das Zusammensein mit einem lebenden Guru. Und wenn dieser Guru stirbt, solltest du einen anderen Guru finden, denn der verstorbene Guru kann nicht länger gut für dich sein. Es sollte ein lebender Guru sein. Bis zu einem bestimmten Grad ist das wahr. Doch wenn du Ramanas Bücher gelesen hast, dann weißt du: Ramana Maharshi sagt, es sei besser, einen mentalen Guru zu haben, wenn dein Guru stirbt. Er wurde oft gefragt: „Wenn du stirbst oder deinen Körper aufgibst, Ramana, sollen wir uns dann einen anderen Guru suchen?“ Seine Antwort lautete: „Denkt einfach an mich. Wenn ihr an mich denkt, werde ich immer mit euch sein. Ich werde euch nie verlassen, wenn ihr an mich denkt. Denn schließlich ist der Weise nicht der Körper. Was macht es also für einen Unterschied, ob hier ein Körper ist oder nicht?“

Das erscheint widersprüchlich, nicht wahr? Und doch ist es das nicht wirklich. Ihr müsst die Intention verstehen. Lakshmana Swami sprach zu Anfängern, als er diese Aussage machte, zu Leuten, die nie praktiziert hatten. Leute, die nie oder nur wenig praktiziert haben, sind noch keine wirklichen Anhänger. Wenn deshalb jemand einen Satguru gefunden hat und dieser Satguru nach einem Monat seinen Körper verlässt und geht, dann hatte er noch keinen wirklichen Nutzen von ihm, denn er war noch nicht lange genug mit ihm verbunden. Für ihn ist es besser, einen lebenden Guru zu haben, so dass dieser lebende Guru ihn unterrichten kann. Aber wirkliche Anhänger brauchen keinen lebenden Guru. Der Guru, mit dem sie zusammen waren, wird sich um ALLE ihre Bedürfnisse kümmern. Denn ihr Guru kann sie nie verlassen. Schließlich sind der Guru und das Selbst eins, es gibt keinen Unterschied. Ihr seht also diesen scheinbaren Widerspruch, aber in Wirklichkeit ist es ist keiner. Es hängt davon ab, zu wem er gesprochen hat. Wenn ihr also solche Bücher lest, wird es verwirrend für euch. Wenn ihr euch jedoch an die Mitschriften haltet, werdet ihr sicher sein und Fortschritte machen. Diese drei Dinge, die ich für euch umrissen habe, sind sehr wichtig: Sadhana, Satsang und die Mitschriften. Es ist einfach. Erinnert euch an diese drei Dinge. Versucht immer im Satsang zu sein, arbeitet an eurem Sadhana oder übt Selbst-Befragung oder was immer ihr zu tun habt, und lest weiter die Mitschriften.

Roberts Definition von Sucher, Schüler und Anhänger

Ein „Sucher“ ist eine gesegnete Person, die aufgrund ihrer Erfahrungen in verschiedenen Leben das Glück hatte, mit der Suche nach der Wahrheit zu beginnen. Sucher verbringen viele Jahre, vielleicht viele Inkarnationen mit der Suche nach der Wahrheit. Sie machen einen Fehler, sie gehen von einem Lehrer zum anderen, von Hatha Yoga zu Karma Yoga, von Bhakti Yoga zu Kundalini Yoga. Sie gehen vom Christentum zum Hinduismus, vom Hinduismus zum Buddhismus. Vom Buddhismus zum Zen. Vom Zen zum Tao. Und sie gehen weiter, von einem zum anderen. Sie haben noch nichts praktiziert; sie hören überall nur zu. Sie lesen ein Buch nach dem anderen über alle möglichen Themen. Sie werden sehr intellektuell, was die Suche nach der Wahrheit betrifft, und sie können über alles unter der Sonne diskutieren, sie können über alles sprechen. Sie können über alle möglichen Arten von spirituellen Themen reden. Doch sie haben noch nie ein spirituelles Erlebnis gehabt!

Das kann gefährlich sein, wenn sie keinen fähigen Lehrer finden, der ihnen erklärt, was sie da machen, denn sie können ihr Leben lang so weitermachen, ein Leben nach dem anderen, ein Leben nach dem anderen, ... Sie werden Sucher bleiben, weil der Weg so interessant ist.

Weißt du, was das bedeutet? Es ist wie mit dem König, der dich in sein Königreich einlädt, um es mit dir zu teilen. Er lebt auf zweihundert Morgen wunderschönem Land, und du fährst zum Eingangstor hinein und bist auf dem Weg zum Haus des Königs, aber plötzlich siehst du diese wunderschönen Blumen und bist fasziniert. Du vergisst den König, beschäftigst dich mit Landwirtschaft und beginnst, neue Blumen zu pflanzen. Dann erinnerst du dich wieder an den König und fährst weiter. Dieses Mal siehst du schöne Höhlen und Felsformationen, und du bist fasziniert, hältst wieder an und beschäftigst dich mit den Höhlen und den Felsformationen!

Du vergisst den König. Jahre vergehen. Dann erinnerst du dich wieder an den König und gehst weiter. Beim nächsten Mal siehst du Mädchen in den Blumen tanzen und bist davon fasziniert. Und wieder vergehen Jahre. Du gelangst nie zum König. Wenn du zum König kämest, würde er sein Königreich mit dir teilen. Das ist es, was ein Sucher macht. Er ist fasziniert von verschiedenen Lehren, kauft jedes Buch über die jeweilige Lehre und wird sehr belesen, aber er hat nie ein spirituelles Erlebnis.

Nun kommen wir zum „Schüler" – einem Sucher, den eine Lehre berührt hat. Der Schüler entdeckt Zen und liebt es einfach. Aber anstatt mit einem Lehrer zu bleiben, geht er von einem Zen-Lehrer zum nächsten. Nicht wie der Sucher, der von einem Lehrer zum anderen wandert, zumindest lässt sich der Schüler für eine Weile nieder und sitzt mit dem Lehrer, dann geht er zu einem anderen Zen-Lehrer und weiter zum nächsten. Und das macht er eine Inkarnation nach der anderen.

Ein „Anhänger" ist vollkommen anders. Ein Anhänger hat den Weg gefunden, nach dem er gesucht hat, und den Lehrer, den er wollte. Und so wird er zu dem Weg. Er wird zu der Lehre. Er kümmert sich um den bestimmten Weg, auf dem er sich befindet. Es wird zur Gegenseitigkeit. Ein Anhänger erkennt, dass der Lehrer seines Weges alles aufgegeben hat, um diesen Weg zu erreichen. Also kümmert er sich um die Bedürfnisse des Lehrers und gibt sich selbst dem Weg hin. Was geschieht mit einem solchen Anhänger? Sehr bald verschmilzt er mit dem Bewusstsein des Lehrers. Er wird selbst-verwirklicht. Das ist der grundsätzliche Unterschied zwischen Sucher, Schüler und Anhänger. Irgendwelche Fragen?

Meine Frage hat damit zu tun, wie sehr ich glaube, dass ich ein „Ich" bin und nicht glaube, dass Dinge vorherbestimmt sind. Mit anderen Worten, ich denke irgendwie, dass ich die Wahl habe, ob ich ein Schüler oder ein Anhänger sein will oder ob ich irgendwohin gehe oder nicht.

Es scheint so zu sein, aber du sprichst wieder aus der Sicht des Ego.

Ist es das „Ich", welches das Verstehen blockiert?

Wenn du kein „Ich" wärst, gäbe es niemanden, der diese Frage stellen würde. Die Frage würde nicht mal entstehen. Aber solange du das „Ich" bist, wirst du darüber nachdenken, ob du eine Wahl hast oder nicht. Einfach das daran Denken zeigt, dass da ein „Ich" ist. Kannst du dem folgen? Das ist also an „Ich's" gerichtet (Gelächter).

Da ist etwas, das mich eine Zeit lang gestört hat, und zwar hat jemand (ein anderer Lehrer) gesagt: Alles, was man zu tun hat, ist zu glauben, dass man kein „Ich" ist. Die Lehren selber werden ihre Wirkung haben, obwohl man immer noch wie ein „Ich" fühlt. Er sagt, man soll glauben, Krishna zu sein und ablehnen, Arjuna zu sein, auch wenn man immer noch wie Arjuna fühlt.

In gewisser Weise hat er Recht. Es ist wie mit des Messers Schneide. Ich sage das nicht gerne, denn es gibt neuen Leuten das Recht, zu tun was sie wollen, arrogant und kämpferisch zu werden und zu sagen: „Ich bin totales Gewahrsein, alles ist egal." Ich habe viele Leute mit derartigen Haltungen getroffen, die gerade mal Anfänger waren. Ihr müsst vorsichtig sein, und darum war Ramana Maharshi so weise. Er lehrte zwei Wege. Der eine ist Bhakta, Selbsthingabe, und der andere Atma Vichara.

Vielleicht sind beide richtig.... Aber die Identifikation mit dem Selbst ist nicht immer einfach. Ihr müsst bestimmte Disziplinen oder Meditationen üben oder Hingabe an Gott. Das wird euch demütig machen, es wird euch Bescheidenheit geben und automatisch zu Atma Vichara, Selbst-Befragung führen. Dann wird alles von allein geschehen. Wir müssen sehr vorsichtig sein, nicht zu glauben: „Ich bin Bewusstsein" oder „Ich bin Gott" oder „Ich bin Höchste Einheit", besonders im Umgang mit westlichen Leuten. Wir erkennen, dass das die Höchste Wahrheit über uns selbst ist. Dann beobachtet euch und eure Handlungen, seht, worüber ihr redet. Benutzt nicht die Wahrheit, um eure Schwäche zu kaschieren. Sagen wir mal, ihr wäret drogensüchtig und ihr kommt zum Satsang und versteht die Realität – dann werdet ihr irgendwann aufhören, Drogen zu nehmen. Aber tut in der Zwischenzeit was ihr könnt, körperlich, geistig und sonstwie, um diese Abhängigkeit zu beenden. Es ist sowieso vorherbestimmt, aber tut euer Bestes. Wenn ihr den Lehren folgt, wird sich alles von alleine regeln.

Mach den Guru fertig

Es ist wieder einmal Zeit für unser Spiel ‚mach den Guru fertig'. Haben wir den Korb herumgehen lassen, um all die lächerlichen Fragen einzusammeln?

Ein Dialog mit Robert

Einige Leute wundern sich, ob es gut ist, im Satsang Fragen zu stellen. Einige haben Angst, dumm zu erscheinen. Wenn ihr die Lehren nicht versteht, dann stellt Fragen. Wenn ihr andererseits mit der rechten Haltung hier seid, dann werden alle Fragen von innen heraus beantwortet werden. Zögert nicht, Fragen über alles Mögliche zu stellen.

Du sagst zu uns: „Ihr müsst mir nicht glauben, ihr müsst mein Wort nicht annehmen." Aber ich denke, der Glaube an die Worte und an den Lehrer ist sehr wichtig, denn es muss Vertrauen in die Gültigkeit der Lehren bestehen, in die Methoden wie auch in die Anleitungen, die der Lehrer gibt.

Das ist ein guter Punkt. Ich beziehe mich auf die Sucher, die von Lehrer zu Lehrer gegangen sind und alles, was der Lehrer ihnen sagt, ohne Überprüfung akzeptieren. Wenn ich etwas sage, dann solltest du das gründlich in dir selbst untersuchen, um zu sehen, ob es irgendeinen Wert hat. Akzeptiere nichts, was ich sage, aus blindem Glauben, sondern sei intelligent. Schau dir an, was ich sage. Fühle es in dir selbst, und wenn es wirklich ist, wirst du es wissen. Und du wirst etwas fühlen. Du wirst Liebe für den Lehrer fühlen. Das wird das Ergebnis der Untersuchung sein. Ich spreche also zu all den Suchern, die von einem Lehrer zum nächsten rennen und alles glauben. Wenn ein Lehrer ihnen sagt, dass fliegende Untertassen gelandet sind, glauben sie das einfach ohne Überprüfung. Akzeptiere also nichts aus blindem Glauben. Bestätige das in dir selbst. Dein Herz wird dir sagen, ob es wirklich ist oder nicht, und du wirst es wissen. Höre immer auf dein Herz.

Was bedeutet dies „höre auf dein Herz"?

Es bedeutet, dass dein Herz dein wahres Selbst ist und es dich nie belügen wird. Wenn du dich richtig auf dein Herzzentrum einstimmst, wird dein wahres Selbst dir raten und dir sagen, ob dein Lehrer gut für dich ist oder nicht; es wird dir raten und dich über alles informieren, was du wissen musst. Dein Herz ist das Selbst, ist Gott.

Ich bin in meinem Verstand und meinem Herzen sehr verwirrt.

Gut, du weißt, der Verstand ist nichts. Der Verstand ist nur ein Bündel von Gedanken. Gedanken über die Vergangenheit und die Zukunft, das ist alles, was der Verstand ist. Aber das Herz ist das Zentrum der Stille, der Ruhe, des absoluten Friedens. Wenn du deinen Verstand in deinem Herzen ruhen lässt, dann wirst du überwältigende Freude und Glückseligkeit empfinden, und du wirst wissen. Gib deinen Verstand deinem Herzen hin, und du wirst es fühlen.

Wenn nun jemand an das gesprochene oder gelesene Wort glaubt und daran, dies oder jenes erreicht zu haben, wenn er Frieden, Freude und Glück fühlt, dann sollte er das nicht einfach so glauben oder akzeptieren, weil die Wahrheit erfahren werden muss?

Wenn du wirklich zu deinem Herzen gehst, geht das über das Glauben hinaus. Das wahre Herz ist das Selbst. Es kann dich nicht zum Narren halten. Der Verstand wird dich zum Narren halten. Aber in der wahren Hingabe des Verstandes zum Herzzentrum wirst du tatsächlich Glückseligkeit und Freude wie nie zuvor fühlen.

Nun, das meine ich mit dem Glauben an das, was der Lehrer erklärt.

In diesen Zeiten gibt es viele Lehrer, aber wenig Schüler. Die meisten Leute wollen nichts tun, aber sie wollen Lehrer werden. Die Welt ist voll von Lehrern. Es liegt an dir, deine eigene Wahrnehmung zu benutzen und herauszufinden, wer der wahre Lehrer ist.

Ist es nicht so, dass es nicht um den äußeren Lehrer geht, da wo wirklich die Entfaltung geschieht................?.

Der wahre Lehrer ist in dir selbst, und wenn du dir selbst gegenüber ehrlich bist, wird dich dein innerer Lehrer zu deinem äußeren Lehrer führen, ihr werdet beide eins sein und du wirst es wissen.

Abgesehen von dem, was ich erfahren habe, erkenne ich sehr klar, dass es nichts mit dem Lehrer zu tun hat, den ich schon gefunden und studiert habe. Es ist immer das Selbst. Es hat letzten Endes nichts mit äußeren Lehrern zu tun.

Der Lehrer ist immer ein Katalysator für dich, um dich selbst zu finden.

Tatsächlich kann Anstrengung uns nur bis zu einen bestimmten Punkt bringen.

Stimmt.

Man kann Selbst-Verwirklichung nicht erzwingen. Man kann nur soweit gehen, bis man ab einem Punkt hineingezogen wird. Ist das nicht das Ziel des Gurus?

Du wirst nicht einmal in ihn hineingezogen. Du wachst einfach zu dir selbst auf. Und der Guru ist der Katalysator für dieses Geschehen.

Du hast gesagt, durch das Glück kommt auch das Gute. Dieses Glück ist das Gleiche wie Überfluss, Gesundheit, Freude, Friede, Harmonie und all diese Dinge kommen als Ergebnis dieses Glücks zu dir. Viele Meister waren nicht sehr gesund. Sie hatten große physische Probleme.

Wer sieht diese Probleme? Sie sehen sie nicht. Du tust es. Sie sehen Glück und Freude. Aber du siehst, wie der Körper dahinschwindet. Finde heraus, wer sie wirklich sind, finde heraus, wer du wirklich bist. Du wirst ein vollkommen anderes Bild sehen. Wenn du Probleme siehst, frage dich: Wer sieht all diese gemeinen Dinge in diesem Universum? Wir sehen sie. Sie existieren nicht wirklich, aber wir sehen sie. Wir müssen uns also zu dem Ort erheben, wo sie nicht existieren. Wo Harmonie, Freude, Glückseligkeit herrschen. Wir müssen uns also selbst erheben.

Aber sie fühlen doch die Unbequemlichkeit?

Wer sagt das?

Ich weiß es nicht.

Es sind alles deine Bilder. Es ist alles deine Welt. Die Art, wie du es siehst. ALLES IST GUT.

Robert, ich weiß nicht, ob andere das gefühlt haben oder fühlen. Aber ich selber fühle mich oft zwischen zwei Welten gefangen. Und ich weiß, das sind nur Gedanken in meinem Verstand. Aber es fühlt sich an, als wäre ich vollkommen zwischen dem spirituellen Teil von mir, dem Leben, und einer mehr materiellen oder physischen Art von Existenz gefangen. Ich bin gefangen in meinen Gedanken und meinen Gefühlen, und ich fühle mich wirklich eingeschlossen. Ich fühle sie beide, zwei sich bekämpfende Teile in mir.

Ja, das musst du am Morgen auflösen, wenn du aufstehst, als Erstes wenn du am Morgen aufwachst. Sieh dich um. Sieh dir deine Umgebung an. Sieh dich selber an und frage: „Wer bin ich?" Frage dich weiter: „Wer bin ich?" – und alles andere wird verblassen. Du wirst spirituell wachsen. Dann gibt es nur noch eins, nicht zwei. Aber du musst sozusagen den Stier bei den Hörnern packen.

Intellektuell verstehe ich wirklich, was du sagst, aber ich glaube, ich erfahre es nicht.

Wenn du am Morgen aufstehst, verleugne die ganze Welt.

Das ist schwierig, wenn ich in diese Welt hinausgehen muss. Ich bin wirklich viel in dieser Welt.

Die Welt ändert sich. Sie ist nie dieselbe.

Das ist wahr.

Nicht ist real. Alles was sich verändert, kann nicht real sein.

Warum?

Wie kann es real sein, wenn es verschwindet? Realität ist dauerhaft.

Realität bedeutet keine Veränderung?

Ja, das ist Realität. Da alles andere sich verändert, kann es nicht Realität sein. Wenn du also am Morgen aufstehst, erinnere dich. Frage dich als Erstes, wenn du deine Augen öffnest: „Wer bin ich?" Stelle einfach diese Frage und sieh, was mit dir geschieht. Du wirst etwas anderes fühlen. Aber du wirst es jeden Morgen tun müssen. Versuche es einfach und sieh, was geschieht. Du wirst Einheit sehen. Frage dich immer wieder als Erstes, wenn du aufstehst: „Wer bin ich? Wer bin ich?" Danach wirst du Eine Kraft sehen, Eine Präsenz. Du bist Eins. Alles wird gut werden für dich. Übe das.

Du musst dich selber erinnern, sobald du am Morgen deine Augen öffnest. Du erinnerst dich einfach jeden Tag: „Ich bin nicht das Körper/Verstand-Phänomen. Ich habe nichts mit der Welt zu tun. Ich ist wirklich Bewusstsein, Leere, Nirvana, Sat-

Chit-Ananda. Ich ist wirklich Parabrahman. Ich bin Das." Einfach zu erinnern, nicht vergessen zu erinnern – darum geht es.

Denke nicht über weltliche Dinge nach. Die Welt wird sich um sich selber kümmern. Die Welt entfaltet sich wie sie soll. Denke nicht über deine Angelegenheiten nach. Wie du weißt, funktionierst du nach dem Gesetz des Karma. Und der Herr des Karma, Ishvara, wird sich um alles kümmern. Denke also nicht über diese Dinge nach. Mit anderen Worten: Denke nicht an die Welt als Manifestation und über den Körper und seine Probleme nach. Frage lieber: „Zu wem kommt dieser Körper? Zu wem kommt der Verstand, der denkt und denkt und denkt? Wer besitzt ihn? Ich. Aber mein wahres Ich ist Absolute Realität. Deshalb muss dieses Ich, das scheinbar einen Körper und seine Probleme hat, das Ich, das die Welt und das Universum wahrzunehmen scheint, falsch sein. Doch wo ist es entstanden? Wer hat es geboren?"

Dann kannst du an die Kraftquelle denken, an das spirituelle Herz auf der rechten Seite deines Brustkorbs. Wenn du willst, kannst du dir ein Bild der von dir respektierten Gottheit im Zentrum des Lichtballs auf der rechten Seite deines Brustkorbs vorstellen. Vielleicht ist es Buddha oder Moses oder Jesus oder wer auch immer. Und du beobachtest das Ich, wie es aus diesem Zentrum kommt und zum Gehirn hochsteigt. Und plötzlich identifizierst du dich dann mit deinem Körper, und die Welt entsteht. Und der Verstand scheint das alles aufrechtzuerhalten. Dabei erwischst du dich selbst. Du kehrst den Prozess um. Du beobachtest das Ich, wie es vom Gehirn zurückkommt. Du verweilst im Ich. Du hältst am Ich fest. Du folgst dem Ich-Faden. Du gehst dem Ich nach, wie es zum spirituellen Herzen zurückkehrt und verschwindet. Dann bleibst du still. Du bleibst einfach völlig still. Wenn Gedanken auftauchen, fragst du: „Zu wem kommen sie?" und bleibst wieder still. Während du das jeden Tag übst, Tag für Tag, Woche für Woche, Monat für Monat, Jahr für Jahr, wird irgendetwas zu Ende gehen. Etwas muss zu Ende gehen und du wirst frei werden. Frei in der Stille.

Robert, gestern gingen meine Frau und ich in ein Einkaufszentrum und aßen Eiscreme. Sie fragte mich, ob ich es genieße, und ich sagte „Ja." Aber während des Genießens war da kein „Ich". Hinterher kam der Gedanke: „Ich genieße es." Als ich nach Hause kam, fragte ich mich selber: „Zu wem kommt das?" Aber als ich es betrachtete, während ich es erlebte, war da kein „Ich", das etwas erlebte, da war nur Erleben. Danach kam ein Gedanke: „Ich erlebe das." Doch zur Zeit des Erlebens war kein „Ich" da, das etwas erlebte.

Wer hat die Eiscreme gegessen?

Da war kein „Ich" zu der Zeit. Da war nur Genießen.

Wer war der Genießer?

Ich weiß nicht. Es war nur Genießen. Es schien auch kein Genießer zu sein.

Das ist gut, wahr. Du hast recht. Da ist niemand, der irgendetwas genießt. Da ist nur Genießen. Wenn du denkst, du genießt es, dann verdirbst du es. Denn wenn du etwas genießt, wirst du enttäuscht sein, wenn die Eiscreme alle ist. Es ist keine Eiscreme mehr da. Aber wenn du aus dem Weg gehst und nur Genießen ohne eine Person oder eine Sache da ist, die genossen wird, dann kannst du Eiscreme essen, du kannst alles tun, was du magst, und du wirst immer frei und glücklich sein.

Robert, kannst du hierzu etwas sagen: Jemand erfährt einen vorübergehenden Verlust der Identifikation mit seinem Körper und Verstand und erlebt während dieser Stunden ein Gefühl von Sein, einfach Sein. Ist es möglich, während dieser Zeit irgendetwas zu tun, um zu verhindern, dass das Gewahrsein oder der Fokus wieder in den Körper/Verstand zurückrutschen?

Was geschehen soll, wird aus eigenem Antrieb geschehen. Wenn du Perioden von Nirvikalpa Samadhi hast, dann ist das gut. Alles was du zu tun hast ist, weiterzumachen mit dem was du tust, und es wird sich von selbst intensivieren, wenn du soweit bist. Etwas in dir weiß genau, wann es geschehen wird. Alles ist vorbestimmt. Aber dein Job scheint es zu sein, tiefer in dein Selbst einzutauchen. Wenn du dich selber da herauskommen fühlst, dann stelle die Frage: „Wer kommt da heraus? Wer ging hinein?" Die Person, die hineinging, existiert nicht mehr. Sie ist transzendiert. Wer kommt also heraus und in welcher Form? Stelle dir selber die Frage und du wirst sehen, dass du länger und länger darin bleibst.

Aber alles ist richtig. Es gibt keine Fehler. Wenn du also herauskommst, denke nicht, es sei etwas falsch oder du solltest länger darin bleiben. Letzten Endes ist es das Ego, welches das sagt. Beobachte dich einfach selber. Nimm wahr, schau, sei – und alles wird sich um sich selbst kümmern. Das Schlimmste was du tun kannst ist, zu analysieren. Analysiere nicht, was geschehen ist. Beobachte einfach, nimm wahr. Das Ego ist der große Analysierer. Es will alles analysieren. Es will wissen. Wenn niemand mehr da ist, der wissen will, dann wirst du immer Das sein. Schließlich, wer weiß? Der Schatten weiß. Erinnert ihr euch an den Schatten?

Ja, Lamond Cranston.
Richtig.

Welcher Teufel lauert in den menschlichen Herzen?
Das ist richtig.

Ich habe eine Frage. Ich habe viel über einige Leute zu Ramanas Zeiten gelesen, bei denen nur durch einen Blick oder eine Umarmung von Ramana etwas geschah. Da gibt es diese Geschichte von Annamalai Swami. Ramana ging auf Annamalai zu, umarmte ihn zwei Minuten lang – und er wurde spontan erleuchtet. Danach verbrachte er die nächsten achtunddreißig Jahre damit, sich darin zu stabilisieren. Es gab noch andere solcher Fälle. Ich frage mich, ob du ein wenig über Übertragung sprechen könntest.

Ja. Erinnert euch, dass Annamalai Swami kein gewöhnlicher Mensch war. Er war außergewöhnlich, weil er über viele Jahre mit den Lehren war. Er hatte sich selbst vorbereitet und war sehr demütig, mit Demut angefüllt.

Er war noch ein Junge, als es geschah.

Ja, er hatte diese Freude in seinem Herzen und sah Ramana als das Göttliche Universum. Ramana war für ihn das gesamte Universum. Er hatte etwas in sich, und als Ramana ihn umarmte und auf diese Weise liebte, fiel das was übrig war ab, und er wurde erleuchtet. Das ist für uns jetzt auch wahr. Wir sind nicht anders als Annamalai. Außer dass wir so viele Dinge in unseren Köpfen haben, die uns davon abhalten, wir selbst zu sein. Wir sind voll mit unserem eigenen Müll. Und wenn das geschieht, haben wir einen weiten Weg zu gehen. Also müssen wir zunächst Demut entwickeln. Wir müssen Liebe entwickeln, Frieden. Wenn wir aufhören, soviel über Leute, Orte und Dinge nachzudenken, dann wird der Weise dich auch umarmen oder was auch immer dir geschehen wird. Abhängig von der Person, abhängig davon, was vor sich geht, abhängig von den Umständen. Es gibt keine Fehler. Alles ist am richtigen Platz.

Robert, also wirkt diese Übertragung immer. Es ist nicht so, dass Ramana plötzlich den Saft nur für diese eine Person eingeschaltet hat.

Ja, genau.

Und es ist einfach so, dass die Person empfänglich und offen sein muss, so dass die Übertragung empfangen werden kann.

In der Tat, sehr wahr. Gnade ist immer mit dir. Es gibt keine Zeit, wo es keine Gnade gibt. Es liegt an dir, sie auf die richtige Weise zu empfangen, indem du dich selbst vorbereitest. Und die beste Art dich vorzubereiten ist, den Verstand still und ruhig zu halten.

Wie kann ein Sucher seine ernsthafte Beziehung mit dem Weisen maximieren? Was kann er tun, um die Beziehung zu vertiefen?

Einfach indem er den ganzen Tag lang mit dem Jnani sitzt. Wenn du zu Hause bist, wenn du arbeitest, denke an den Jnani. Wenn du an die Form des Weisen, an den Namen des Weisen denkst, dann werden Dinge für dich anfangen zu geschehen. Finde Frieden. Versuche es. Dann wirst du ununterbrochen mit dem Weisen sein. Wann immer du an einen lebenden Weisen denkst, wird der Weise Teil deines Herzens – des vollkommenen Herzens. Und du fühlst die Liebe des Weisen in dir. Wenn du also an den Weisen denkst, dann wird der Weise auch an dich denken. Worüber auch immer du nachdenkst, dazu wirst du letzten Endes. Du musst also sehr vorsichtig sein, an was du denkst. Worüber auch immer du nachdenkst, das wirst du. Denke an den Weisen und du wirst der Weise.

Robert, in Gesprächen mit Satsang-Leuten sagen einige von ihnen: „Ich kann nicht viel Selbst-Befragung üben." Andere sagen: „Ich kümmere mich nicht viel um Selbst-Befragung", oder: „Was ich tun möchte ist, mit Robert zu sitzen." Würdest du das bitte kommentieren?

Nun, was soll ich sagen? Tatsächlich ist unser Zusammensein im Satsang die gesamte Lehre. Die Worte sind lediglich ein Fingerzeig, um in der Lage zu sein, in der Stille zusammenzusitzen und Frieden zu finden. Was du, Jorji, also sagst, ist wahr. Einfach zusammen sein ist der Trick.

Was ist der Trick?

Der Trick ist, aufzuwachen. Ich nenne es einen Trick, denn die meisten Leute erkennen nicht, dass alles was sie zu tun haben ist, ruhig zu bleiben – dann werden sie erwacht sein. Also verleite ich sie dazu, eine Rede zu halten anstatt ihnen zu sagen: Sitze einfach mit mir, und alles wird sich enthüllen. Durch das Hören der Worte glauben die Leute, dass sie etwas herausgefunden haben. Aber die Worte sind dazu da, damit du ruhig sitzt und dich benimmst (Gelächter).

Robert, du sagst, es ist die aus der Stille fließende Gnade, die uns transformiert?

Oh ja, das ist wahr. Gnade ist schon da. Du musst nur still genug sein, um sie aufzunehmen. Wenn dein Verstand laut ist, nimmst du nur die Vibration der Welt auf. Es ist einfach so wie mit dem Wasserbecken. Wenn das Wasser ruhig ist, reflektiert es den Mond und die Sterne. Aber wenn es unruhig ist, dann kann es das nicht. Es reflektiert überhaupt nichts. Wenn dein Verstand laut ist, reflektiert er Chaos, Verwirrung. Wenn er still und ruhig ist, reflektiert er deine Göttlichkeit.

Robert, diese Woche sagtest du, dass der Verstand zerstört werden muss. Und in der Vergangenheit hast du gesagt, dass es keinen Verstand gibt, der Verstand existiere nicht. Wie kann man also etwas zerstören, das es nicht gibt?

Derjenige, der glaubt, er habe einen Verstand, der muss ihn zerstören. In Wahrheit gibt es nichts zu zerstören. Es ist also eine Frage der Person, die sucht, wo sie mit ihrem Verstand ist. Und es gibt keinen Verstand. Kein Verstand hat je existiert. Aber die Leute glauben so stark daran, dass sie einen Verstand und einen Körper haben. Solange du denkst, es gäbe einen starken Verstand und einen starken Körper, wirst du Dinge tun müssen, damit es weniger und weniger wird, um den Verstand und den Körper zu zerstören. Wir müssen noch oft zusammensitzen und so reden. Abhängig davon, zu wem ich spreche und davon, wer die Frage fragt, werden einige Leute alles tun müssen, was sie können, um den Verstand zu vernichten. Andere Leute brauchen nur eine Weile still zu sein und der Verstand wird von selber verschwinden. Jeder ist anders. Aber jeder hat einen Verstandeszustand. Vernichte den Verstand vollkommen und werde befreit. Das ist das Geschenk für jeden. Du musst nicht bleiben wo du bist, du kannst befreit werden. Es ist ein

Geschenk, befreit zu werden. Aber willst du es? Ich meine, du musst Befreiung mehr als alles andere in der Welt wollen. Denke an die Dinge, an denen du festhängst, die vor der Befreiung kommen. Darüber spreche ich. Du musst alles loslassen. Lasse all deine Anhaftungen los, und die Befreiung wird von selbst kommen.

Robert, ich habe die meiste Zeit meines Lebens Metaphysik studiert und bin nie in der Lage gewesen, ans Ende meines Leidens zu kommen. Dann, nachdem ich dir zugehört habe, begann sich etwas zu entwickeln. Zunächst wurde ich unfähig, mich weiterhin mit den Problemen der Welt zu identifizieren, das war eine riesige Erleichterung für mich. Und dann vor einem Monat war ich plötzlich in der Lage, mich nicht mehr mit den Gedanken, den Problemen dieser Person zu identifizieren. Und ich fand einen Ort, an dem ich friedlicher sein und die Gedanken dieser Person beobachten konnte. Und das ist die großartigste Freiheit, die ich in meinem ganzen Leben erlebt habe und der höchste Friede. Ich bin dir sehr dankbar.

Das ist wunderbar. Du wirst das Selbst los. Du tust, was du tun musst. Du machst Fortschritte. Das ist wunderbar. Bleibe dran.

Ich frage mich, ob du etwas über Kreativität sagen kannst. Du sagtest etwas über das kreative Leben. Es ist hart, den Verstand loszulassen und ihn zugleich kreativ zu benutzen.

Nicht wirklich. Einige der berühmtesten Bildhauer, berühmte Künstler schufen ihre besten Arbeiten, wenn sie nicht dachten. Nimm zum Beispiel Thomas Edison. Er saß jeden Tag in seinem Schaukelstuhl und verlor völlig seinen Verstand. Dachte überhaupt nicht. Und alle Ideen kamen zu ihm, weil sie aus dem Selbst heraus entstehen. Das Selbst des Bewusstseins ist immer präsent. Aber du nimmst es nicht wahr, weil du zuviel denkst. Sobald der Verstand aufhört zu denken, erscheint Bewusstsein, erscheint das Selbst von selber als deine Kreativität, und du wirst kreativer. Glaube also nicht, dein

Verstand wird nicht kreativ sein. Das ist nicht wahr. Du wirst kreativer. Dein Verstand hält dich begrenzt. Wenn kein Verstand da ist, weitest du dich aus. Auf jeden Fall, was immer es ist, wofür du in einem Körper auf diese Erde gekommen bist, das wirst du tun, erfüllen. Es ist alles vorherbestimmt. Es hat nichts damit zu tun, was du darüber denkst oder nicht denkst. Dein Job ist es, friedlicher und stiller zu werden und die Natur das ihre tun zu lassen. Dann wirst du sehen, dass du völlig glücklich und friedlich bist, mehr als je zuvor.

Sind der Verstand und das Ego zwei getrennte Wesen? Oder meinst du das Ego, wenn du Verstand sagst? Wenn du Ego sagst, meinst du dann Verstand?

Beide sind gleichzeitig. Sie sind beide dasselbe.

Sie sind dasselbe?

Ja. Damit wir über diese Dinge sprechen können, müssen wir über Körper und Verstand, über das Selbst und das Ego sprechen. Es gibt nur eins. Das Eine bist du. Das Eine ist das Selbst.

Würde Hypnose als Mittel, die Hypnose zu brechen, nützlich sein?

Nein. Und zwar weil Hypnose nur das Unbewusste erreicht. Sie bestärkt dein Ego. Du bist schon hypnotisiert. Du willst doch deine Hypnose nicht noch verdoppeln (Gelächter). Denn dann musst du die hypnotische Trance wie auch die Wachtrance loswerden.

Das ist, wie es scheinbar sein sollte.

Das ist, wie es scheinbar sein sollte? Was meinst du damit?

So bricht man tatsächlich die Trance.

Hypnose kann die Trance nicht brechen. Nur du kannst das, indem du zugibst und erkennst, dass es nie eine Trance gab. Dass du jetzt schon frei und befreit bist.

Robert, Wissenschaftler und Psychologen und andere Leute versuchen immer, die Begrenzungen des Gehirns zu öffnen. Wir nutzen nur, sagen wir, zehn Prozent des Gehirns. Wenn wir irgendwie zu dem Punkt gelangen, wo wir hundert Prozent unseres Gehirns benutzen, würde uns das mehr eintauchen.....

Mehr eintauchen in das Ego.

Ja, glücklicherweise benutzen wir nur zehn Prozent (Gelächter).

Du hast recht (Gelächter). Denn, was ist letzten Endes das Gehirn? Es ist eine Erweiterung des Körpers. Und je mehr du das Gehirn benutzt, desto mehr bist du im Maya verloren. Du willst das Gehirn nicht noch vergrößern. Du willst das Gehirn überwinden.

Robert, du sagst, du seist nicht der Körper, aber jede Woche sehe ich dich, und dein Körper sieht für mich anders aus. Manchmal siehst du sehr sehr jung aus, und manchmal sehr, sehr alt. Doch ich habe in den Büchern gelesen, dass Jnanis spontane Transformationen erfahren, wobei sie extrem verjüngt werden. Als wenn sie bereit wären zu sterben, und dann plötzlich sehen sie dreißig Jahre jünger aus und haben noch viele Jahre zu leben.

Das ist, was du siehst.

Aber wenn die Person erleuchtet und eins mit dieser Kraft, mit diesem Bewusstsein ist, hätte das einen Effekt auf die Erscheinung des Körpers?

Nur auf deine Erscheinung. Was du siehst, ist was du siehst. Der Jnani hat keine Erscheinung. Der Jnani ist vollkommen leer.

Du meinst, du bist der unsichtbare Mensch?

Wenn du einen unsichtbaren Menschen siehst, dann bin ich das. Was du siehst, das bin ich.

Manchmal scheinst du keinen Kopf zu haben.
Dann habe ich keinen Kopf.

Wie der kopflose Reiter.
Was immer du siehst, ist das, was du bekommst. Du bekommst, was du siehst.

Robert, wenn du siehst, wie jemand, den du sehr liebst, einen zerstörerischen Weg geht, wie distanzierst du dich davon?
Du erkennst, dass die Person nicht zu dir gehört, sie gehört zu Gott. Wenn du die rechte Weisheit besitzt, wirst du etwas tun, um zu versuchen, dieser Person zu helfen. Karmisch gesehen begegnest du dieser Person, damit du durch eine bestimmte Erfahrung gehen kannst. Es geht hier also darum, dich selbst zu kennen. Wenn du dich selbst kennst, wird sich dieses Selbst um die Person kümmern. Denn dein Selbst ist diese Person. Je besser du dich selber kennst, desto besser wird der Person geholfen werden. Denn es gibt nur das Eine, und du bist Das. Aber wenn du dich von der Einheit trennst, indem du sagst, die Person tut dies oder das und ich versuche, sie davon abzuhalten, wäre das Dualität. Und Dinge werden fortschreitend schlechter. Aber wenn du weißt, wer du bist, dann wird, was immer der Person geschieht, das sein, was zu geschehen hat. Ich weiß, das ist schwierig. Manchmal möchtest du die Person packen und schütteln, du möchtest eingreifen und etwas für sie tun. Doch wenn wir nur erinnern könnten, dass alles an seinem rechten Platz ist und sehen, wer wir sind – das wäre genug.

Wir haben nie vorher solche Dinge getan. Wir haben immer gehandelt. Und manchmal scheint unser Handeln zu wirken. Denn wir haben eine bestimmte Situation, die schrecklich zu sein scheint, weil sie in falsche Richtungen zu gehen scheint, angehalten und gestoppt. Das ist nur temporär. Durch was auch immer die Person zu gehen hat, sie wird auf die eine oder andere Weise da hindurchgehen. Die einzige Erleichterung ist, aufzuwachen. Folglich wirst du, wenn du aufwachst, Dinge anders sehen. Und so hilfst du der Person.

Robert, was bringt jemanden dazu, selbstgerechten Ärger zu zeigen, um eine andere Person oder eine Sache zu verteidigen? Kannst du das erklären?

Das ist alles Ego, was sonst? Nur das Ego ist selbstgerecht. Nur das Ego kümmert sich um Streitigkeiten. Aber wenn du verstehst, worüber ich heute gesprochen habe, wenn du ein wenig verstehst, wie dieses Universum funktioniert, dann wirst du sehen, dass sich mit Streitigkeiten abzugeben keine Lösung ist. Es scheint eine Lösung zu sein, aber nur eine vorübergehende. Schau dir rückblickend an, wie viele zu rechtfertigende Angelegenheiten es in der Welt seit Anbeginn der Zeit gegeben hat. Es hat immer Angelegenheiten gegeben, gerechte Anliegen, Anliegen nach Frieden und Gerechtigkeit. Ist die Welt besser geworden? Schau diese Welt an. Und doch, Menschen, die für diese Anliegen kämpfen, sind notwendig. Ich nehme an, es ist ihr Dharma, das zu tun, was sie tun.

Aber für die Leute, die zu Treffen wie diesem kommen: Ihr seid viele Inkarnationen lang mit dieser Art von Lehren gewesen. Darum seid ihr in der Lage, etwas von dem zu begreifen, worüber ich zu euch spreche. Der Durchschnittsmensch auf der Straße hat kein Interesse daran. Der durchschnittliche Aktivist hat nichts mit solchen Dingen zu tun. Er hätte kein Interesse. Aber ihr seid hier. Daher ist da etwas in euren Herzen, das sich entfalten möchte und selbst-verwirklicht und frei werden möchte.

Wenn ich denke, dass es mir möglich wird, in Stille zu sitzen, bevor ich morgens zur Arbeit gehe, sollte ich dann aktiv danach streben, näher an mein Zuhause versetzt zu werden? Oder sollte ich einfach mit „Wer bin ich?" arbeiten und vertrauen, dass die rechten Dinge geschehen werden und meine Arbeit da sein wird, wo sie sein soll und ich einfach fügsam dahin gehen sollte, wohin man mich schickt?

Wir wollen nicht fügsam und wir wollen nicht selbstgerecht sein. Wir wollen das Selbst sein, Punkt. Wenn du daher deinen Verstand verlangsamen kannst, indem du ihm erlaubst, bis zu einem gewissen Grad im Selbst zu ruhen, wenn du Gedanken, Gefühle, Haltungen beseitigst und durch die Frage „Wer bin ich? Zu wem kommen diese Dinge?" zu einer höheren Plattform gelangst, dann wirst du sicher sein.

Wenn du jedoch siehst, dass du das noch nicht kannst, wenn du Angst hast, aus deinem Job gefeuert zu werden, kein Geld mehr zu haben, ins Armenhaus zu gehen, obdachlos zu werden, dann musst du in jedem Fall tun, was immer du zu tun hast. Du hast also zwei Wahlmöglichkeiten: Entweder zu entdecken, wer du bist, was deine wahre Natur ist, indem du verstehst, dass es eine Kraft gibt, die sich um dich kümmert, die Kraft, die den Weg kennt, die dich immer lieben wird und dich an den richtigen Platz bringt. Oder dahin zu gehen, wohin auch immer du gehen musst und zu tun, was du zu tun hast. Du hast immer die Wahl. Es gibt auf diese Frage nicht nur eine Antwort oder eine Wahlmöglichkeit. Es hängt von der Person ab, wo sie ist, wo du bist. Wenn ich jemanden von der Straße nehmen und ihm sagen würde, alles wird gut gehen für dich, sorge dich nicht, du musst nicht betteln, du musst nicht stehlen, dann könnte diese Person verhungern. Denn möglicherweise ist das Karma dieser Person, zu stehlen und zu betteln. Und wir haben nicht das Recht, jemandem zu sagen, wie er zu leben hat. Aber wenn diese Person in der Lage wäre, das Licht zu sehen, die Wahrheit, dass sie nicht der Handelnde, nicht der Körper, nicht der Verstand ist, dann wird sie von dort, wo sie ist, in einen höheren Bewusstseinszustand gehoben und es wird sich um sie gekümmert werden. Du weißt also aufgrund der Gedanken, die in deinen Kopf kommen, wo du bist. Aufgrund der Gefühle und Emotionen, die zu dir kommen. Wie du dich jeden Tag fühlst. Handele richtig.

Da ist etwas in dir, das weiß, was zu tun ist. Da ist eine Kraft, größer als du, die sich um dich zu kümmern weiß – ohne deine Hilfe. Alles was du zu tun hast ist, dich ihr hinzugeben. Gib deine Gedanken, deinen Verstand, dein Ego der Strömung hin, die den Weg kennt. Sie wird sich um dich kümmern. Sie wird sich besser um dich kümmern als du dir vorstellen kannst. Die meisten Leute leben in der falschen Annahme, dass sie, wenn ihre Gedanken aufhören, dahin vegetieren und zu Gemüse werden. Im Gegenteil – du wirst spontan werden. Du wirst gerade soviel denken, um dich um den Moment zu kümmern, um alles andere wird sich für dich gekümmert werden. Versuche es. Wir denken immer, wir seien sehr wichtig und müssten denken. Erinnere dich nur an die Redensart: „Ich denke, also bin ich." Es sollte heißen: „Ich bin, also muss ich nicht denken" (Gelächter).

Wenn du, wie du vorher schon erwähntest, mit Obdachlosigkeit oder mit Katastrophen oder Schwierigkeiten in Kontakt kommst, durch die Leute in verschiedenen Teilen der Welt oder sogar vor deinen Augen gehen, was bewirkt das dann in dir, in deinem Zustand? Erweckt es Mitgefühl in dir? Oder scheint es willkürlich, bedeutungslos für dich? Das Leiden anderer Leute – wie gehst du damit um, mit Leiden?

Beides ist korrekt. Ich spüre großes Mitgefühl, obwohl es bedeutungslos ist. Ich gehe also dorthin und helfe. Ich gebe einer obdachlosen Person zehn Dollar. Ich helfe Leuten in der Stadt. Wenn ich da bin, werde ich Teil davon sein. Aber erkennt: Es ist bedeutungslos. Ich bin nicht der Handelnde. Was als der Körper erscheint, wird tun, was getan werden muss. Aber es steht kein Gedanke dahinter. Ich überlege nicht, ob ich etwas Gutes tue oder etwas Schlechtes, jemandem helfe, jemandem nicht helfe. In Wirklichkeit tut niemand irgendetwas.

Was ist die so genannte Blaue Perle des Sesamsamens?

Du meinst, worauf Swami Muktananda sich bezieht?

Ja, ich habe andere Swamis oder was auch immer sich darauf beziehen hören.

Die blaue Perle ist ein Punkt des Bewusstseins. Ramana Maharshi benutzt die rechte Seite des Herzens in der rechten Seite des Brustkorbs, wo das Herz wohnt, wo das Bewusstsein ist. Die blaue Perle ist also dasselbe. Blaue Perle, weiße Perle, graue Perle, das rechte Herz, linkes Herz – es ist alles dasselbe. Es ist nur ein Bezugspunkt ohne wirkliche Bedeutung. Es ist ein Ort, auf den du dich als Anfänger konzentrieren kannst. Neue Studenten müssen sich auf einen Punkt des Körpers konzentrieren und zielgerichtet werden, damit sie aufhören zu denken. Also konzentrieren sie sich auf die imaginäre blaue Perle oder auf das Herz auf der rechten Seite des Brustkorbs oder auf einen Punkt zwischen den Augenbrauen oder auf den Nabel. Und das macht dich einfach zielgerichtet. Wenn du soweit bist, kannst du das alles aufgeben, und du hörst auf, überhaupt zu denken. Dann wirst du wirklich total frei werden. Erwische dich selbst. Worüber denkst du nach? Es sind genau diese Gedanken, die dich vom Aufwachen abhalten. Erwische dich immer, wenn du denkst. Und frage dich selbst: „Zu wem kommen diese Gedanken?" Sogar wenn es gute Gedanken sind. Es macht keinen Unterschied.

Robert, viele spirituelle Richtungen und Religionen sagen, dass man von seinen Träumen lernen kann, dass sie uns leiten. Was ist damit?

Es gibt sozusagen drei Zustände des Bewusstseins: Das Wachsein, den Schlaf und das Träumen. Im Tiefschlaf bist du selbstverwirklicht. Es sind keine Gedanken da, aber du bist dir dieser Tatsache nicht bewusst. Wenn du träumst, dann bist du einfach in einem anderen Bewusstseinszustand. Er erscheint dir sehr real, und er ist real, solange du träumst. Erwachst du aus dem Traum, bist du in jenem Bewusstseinszustand, der auch ein Traum ist. Was du zu tun hast ist, alles Träumen vollkommen und total zu beseitigen und absolut frei zu werden.

Wenn du also morgens aufwachst und deinen Traum erinnerst, dann frage dich selbst: „Wer träumte?“ Und du wirst sagen: „Ich träumte.“ Daran erkennst du, dass der Traum wieder Teil des „Ich“ ist. Also frage: „Wer bin ich?“ Oder: „Wo kam dieses Ich her?“ Und folge dem Ich-Faden zur Quelle, indem du immer und immer wiederholst: „Wer bin ich? Wer bin ich?“ Was tatsächlich bedeutet: „Was ist die Quelle des Ich, das diese Träume hat?“ Und eines Tages wird das Ich zurück zum Herzen, ins Herzzentrum gehen, in das Bewusstsein selber, und du wirst von allen Träumen frei sein. Aber deine Träume sollten nicht zu ernst genommen werden. Es ist wie dieses Leben. Genau jetzt träumst du, dass du ein sterbliches Wesen bist. Du gehst durch viele Erfahrungen. Du hast Ängste. Du hast Glücksgefühle. Du hast alle möglichen Emotionen. Wenn ich dir sage, du träumst das alles, wirst du mir das nicht glauben. Du sagst: „Robert, wie kann ich das träumen? Ich lebe es.“ Ich sage dir: „Du träumst.“ Wenn du auf mich hörst, dann wirst du tun, was du zu tun hast, um aus dem Traum herauszukommen, indem du fragst: „Wer bin ich? Wo kam ich her?“ Wenn du nachts einen Traum hast, ist es dasselbe. Es ist lediglich ein anderer Traum. Nur wachst du schneller auf. Und dann bist du in diesem Traum. Höre also völlig auf zu träumen, wache auf und sei frei.

Besteht da ein Unterschied zwischen Visionen und Träumen?

Oh nein. Der einzige Unterschied ist: Der Traum ist länger, er scheint länger anzuhalten. Aber andererseits ist alles ein sterblicher Traum. Wenn du träumst, dann ist das für den Moment deine Welt. Während des Schlafens und im Wachzustand bist du nicht bewusst. Aber du glaubst, der Traum sei eine wache Welt. Wenn du aufwachst, ändert sich das, und dies hier wird zur wachen Welt. Aber es gibt keinen wirklichen Unterschied. Sie sind beide dasselbe.

Und Visionen sind Teil des Traums?

Visionen sind alle Teil der Vorstellung. Sie sind Teil des

Traums. Sie gehören zur Taumkategorie. Denn wer hat schließlich die Vision? Das wahre Selbst braucht keine Visionen. Eine Vision manifestiert sich also durch den Verstand. Doch solange du im Körper bist, wirst du manchmal Träume und Visionen haben. Wenn du jedoch wirklich erwacht bist, wirst du Zeuge deiner Visionen, deiner Träume sein und auch Zeuge dieser Welt.

Robert, als die vier Prinzipien zu dir kamen, war das ein Traum oder eine Vision, und wie unterscheidest du zwischen den beiden?

Nun, um die Wahrheit zu sagen, ich weiß es nicht wirklich. Ich nehme normalerweise wahr, was vor sich geht, und so war ich mir die ganze Zeit des Traums, der Vision bewusst.

Diese Zeit eingeschlossen?

Ja, ich erkannte, dass ich all diese Dinge tat. Es war, als ob ich alles beobachtete, was vor sich ging. Aber es war nie so, dass ich tatsächlich der Traum oder die Vision wurde.

Oder dich total darin gefangen fühltest? Du hast immer beobachtet?

Richtig, ich habe immer beobachtet. Aber es war wie ein allgegenwärtiger Beobachter.

Ich erinnere mich, dass du vor einiger Zeit über eine Vision geredet hast, welche du häufig hattest, in der du diesen Wesen begegnet bist. Könntest du noch einmal darüber sprechen?

Oh ja. Ich habe diese Vision schon lange nicht mehr gehabt. In dieser Vision flog ich durch die Luft und kam zum Arunachala, dem Berg. Ich ging durch den Berg hindurch, er war innen hohl. Und als ich in der Mitte des Berges ankam, waren da Buddha, Krishna, Ramana, Nisargadatta und viele andere, die ich nicht erkannt habe. Wir bildeten einen Kreis. Wir lächelten uns an und gingen aufeinander zu, bis wir zu einem brennenden Licht wurden. Und das Licht verwandelte sich in einen Lingam. Und dann öffnete ich meine Augen. Aber ich war mir bewusst, dass ich eine Vision hatte. Und das wars.

Und das kam viele Male zu dir, nicht wahr?
Ja. Jetzt hat es aufgehört.

Hast du damit Selbst-Befragung gemacht?
Nein. Ich habe nie Selbst-Befragung gemacht (viel Gelächter).

Warum empfiehlst du es dann?
Weil es der richtige Weg ist.

Du bist eine Karte.
Ich bin das ganze Kartenspiel.

Warum sagst du, du hast es nie getan?
Warum sollte ich es tun?

Nun, du hast mit diesen Leuten aus dem Osten studiert und meinem Verständnis nach ist es das, was sie lehren.
Ich bin nicht wegen einer Lehre zu ihnen gegangen. Ich ging, um meine eigenen Erfahrungen zu bestätigen.

Aber du sagtest, dass du zu Paramahansa gegangen bist.
Sicher, weil ich ein Kind war. Ich hatte meine Erfahrungen, als ich vierzehn Jahre alt war. Und ich verstand nicht, was vor sich ging. Paramahansa Yogananada hat es mir erklärt und er schickte mich nach Indien, um Ramana zu sehen, der es noch weiter erklärte.

Ramana schlug nicht vor, dass du Selbst-Befragung üben solltest?
Nein.

Oder „wer bin ich"?
Habe es nie getan.

Du brauchtest es nicht. Du warst bereits…
Was auch immer.

Wie hat Ramana deine einigende Erfahrung bestätigt?
Mit einem Lächeln. Und das meiste, worüber wir sprachen, war weltlich.

Er wusste einfach, dass du wusstest und lächelte.
Ich habe keine Ahnung, was er wusste.

Wie hast du sein Lächeln angenommen?
Ich lächelte zurück. Den Rest der Zeit befragte er mich über meine Bedürfnisse. Und er bat mich, ihm von New York zu erzählen.

Was hast du ihm über New York erzählt?
Ich sagte: „New York, New York, es ist eine wunderbare Stadt" (Gelächter).

Robert, kannst du einfach aus der Einsicht heraus verstehen, wie direkt und wie kraftvoll Selbst-Befragung ist? Ist es einfach Weisheit?
Ich mag einen Witz darüber machen, aber es wirkt.

Also ist es eine Art innere Weisheit, die du kennst?
Bestimmt.

Noch einmal, Selbst-Befragung heißt, beim Einatmen sagt man: „Wer bin ich?" und beim Ausatmen sagt man….
Nein, das ist nicht Selbst-Befragung. Selbst-Befragung heißt, dass du dich fragst: „Wer bin ich?"

Und nimmst das zur Quelle.

Der Quelle der Existenz. Der Quelle des „Ich“.

Letzten Donnerstag hast du uns durch eine Übung geführt, die wir regelmäßig machen sollen.

Ja, atme ein, während du „ICH“ sagst und atme aus, während du „BIN“ sagst.

Ich erinnere mich auch daran. Aber du hast uns auch eine Übung gelehrt, bei der wir beim Einatmen sagen: „Wer bin ich?“

Oh ja. Wenn du einatmest, sagst du: „Wer bin ich?“. Vor dem Ausatmen sagst du: „Ich bin Bewusstein.“ Und wenn du ausatmest, sagst du: „Ich bin nicht der Körper.“

Ich dachte, man soll die Frage nicht beantworten sondern es einfach still und offen lassen.

Das ist die andere Meditation.

Also ist die Frage „Wer bin ich?“ Selbstbefragung?

Ja.

Diese Erfahrung, Gott weiß, was sie ist, aber konzeptuell scheint es, als wäre sie durch sich selbst erwiesen?

Sie ist durch sich selbst erwiesen, aber ich war ein Kind. Ich habe all diese Dinge gefühlt und ich dachte, ich würde verrückt. Also ging ich los, um herauszufinden, was vor sich ging.

Sogar wenn du kein Kind bist, möchtest du verstehen.

Wenn du schon erwachsen bist, kannst du Bücher lesen und andere Dinge tun. Aber zu meiner Zeit gab es keine Lehrer außer Joel Goldsmith und Paramahansa Yogananda und Leute wie diese.

War die Glückseligkeit des Selbst Teil der Erfahrung, obwohl du dachtest, du würdest verrückt?

Oh ja, natürlich. Mit verrückt werden meine ich, ich passte nicht mehr in meine Umgebung. Die Schule war mir egal, meine Eltern waren mir egal, ich war einfach strahlend glücklich mit mir alleine. Ich hörte auf, mit bestimmten Freunden zu verkehren.

Warum musstest du das bestätigt haben? Das ist selbstgenügsam.
Es ist selbstgenügsam, aber ich wusste nicht, was es war.

Warum muss man das wissen? Ist eine Idee davon dann noch nötig?
Weil ich immer noch im Körperbewusstsein war. Und der Körper muss wissen. Der fragende Verstand muss wissen.

Wonach du suchtest, war also mehr oder weniger ein Bezugsrahmen?
Ja, weil es niemanden in der Nähe gab, mit dem ich sprechen konnte. Und wenn ich getan hätte, was Ramana tat, dann hätten sie mich in die Psychiatrie gebracht.

Hat Yogananda dich direkt zu Ramana geschickt?
Er schlug es vor.

Hattest du vorher von ihm gehört?
Ja, ich wollte Mönch werden. Yogananda riet mir davon ab.

Warum hat Yogananda dir davon abgeraten, Mönch zu werden?
Er sagte mir, das sei nicht mein Weg. Es ist interessant. Wann immer ich von meinen Erfahrungen spreche, dann wollen die Leute, dass ich von Schlangen und Spinnen gebissen werde. Sie wollen, dass ich dahinsieche. Dann glauben sie, dass ich eine große Seele bin.

Du hast einfach nicht genug gelitten. Ist das wahr? Die Leute denken wirklich…

Weil sie Bücher über bestimmte Heilige lesen und denken, wenn diese Heiligen durch bestimmte Erfahrungen gegangen sind, muss jeder durch diese Erfahrungen gehen. Darum spreche ich nicht zuviel über mich selbst. Die Wahrheit ist natürlich: Wenn du wirklich etwas über diesen Körper und über das Selbst in mir wissen willst, dann kenne dein Selbst. Finde zuerst heraus, wer du bist. Dann wirst du alles über mich wissen. Andernfalls wirst du mich sehen wie du dich selbst siehst. Verstehst du, was ich sage?

Wenn du einen Hochstapler triffst, wird der Hochstapler dich anschauen und denken, du seist auch ein Hochstapler. Ein Hochstapler denkt, jeder wäre ein Hochstapler. Wenn du einen Menschen triffst, der voller Liebe ist, dann wird der dich auch als Liebe sehen. Darum sage ich: Was immer du bist, ich bin ein Spiegel für dich, und du siehst nur dich selbst.

Das gilt für alles. Nicht nur für dich.

Für alles, natürlich.

Was du also sagst, heißt: Man erschafft seine eigene Realität.

Wo du gerade jetzt bist, die Welt, die du siehst, das ist die Welt, die du erschaffst.

Aber wie passt dazu, dass alles vorherbestimmt ist?

Alles ist vorherbestimmt.

Also ist man dazu bestimmt, seine Realität, so wie sie ist, zu erschaffen?

So ist es.

Das scheint paradox.

Natürlich tut es das. Es wäre keine wahre Lehre, wenn sie nicht paradox wäre. Alles ist vorherbestimmt, wenn du an dir selber arbeitest, um dich zu erheben und frei zu werden.

Es gibt nichts, was man tun kann, und doch muss man versuchen, etwas zu tun.

Genau.

Warum ist das so?

Das ist das Spiel. Und wenn du versuchst, das herauszufinden, dann geht es nicht. Versuche es also erst gar nicht.

Und das bedeutet, wenn man verwirklicht wird, dann existiert alles, was vorherbestimmt ist, nicht mehr. Richtig?

Richtig. Wenn man verwirklicht wird, ist das ganze Spiel vorbei. Es gibt niemanden, der verwirklicht wird. Es gibt niemanden, der nicht verwirklicht ist. Es gibt kein Universum, es gibt keinen Gott. Es gibt keine anderen. Alles ist gut.

Oder nichts ist gut, wenn das der Fall ist.

Touché.

Robert, es scheint, als gäbe es graduelle Verwirklichung.

Es erscheint für einige Leute so, als sei es graduell, aber wenn du aufwachst, dann weißt du: Es gab nie eine graduelle Entwicklung. Und doch erscheint es manchmal so. Wenn du aufwachst, dann weißt du, dass du immer wach warst. Es gab nie eine Zeit, in der du schliefst.

Robert, wie wusstest du, dass es nicht gut war, über dein Erlebnis zu sprechen?

Am Anfang befragte ich meinen Lehrer darüber, und der schickte mich zum Rektor. Und der Rektor rief meine Mutter. Und meine Mutter brachte mich zum Arzt. Und der erste Arzt sagte, ich hätte Heuschnupfen. Dann diskutierte ich es mit einigen von meinen Freunden und erkannte, dass es besser war, den Mund zu halten. Sogar jetzt noch denkt meine Familie, ich sei verrückt. Ich habe schon mal erzählt: An Weihnachten habe ich mit meinem Bruder gesprochen, den ich ungefähr sechzehn

Jahre nicht gesehen habe. Der sagte: „Bist du immer noch zu nichts nütze?" Ich sagte: „Ja. Bist du gut für irgendetwas?" Und dann fragte ich ihn, ob er glücklich sei – und er wurde still.

Ist es korrekt zu sagen, dass die von einigen dieser Zen Meister erläuterten Erfahrungen die gleichen sind, von denen du und Ramana sprechen?

Es gibt einfach verschiedene Möglichkeiten, darüber zu sprechen, aber auch Buddhisten werden erleuchtet. Aufgrund von Karmas und Samskaras sind wir einem bestimmen Weg zugeneigt. Es mag Buddhismus sein, es mag mystisches Christentum sein, es mag Advaita Vedanta sein. Wir sind aufgrund von vergangenen Leben einem Weg zugeneigt.

Gibt es eine Periode der Angleichung nach der Erleuchtung, wo das Verstehen sich vertieft und einen verändert?

Es gibt kein Vertiefen. Entweder bist du erwacht oder nicht. Es erscheint jedoch so, dass du friedvoller wirst und all die Dinge, die dich immer gestört haben, sich auflösen.

Ist es also ein Prozess, wenn Verwirklichung stattfindet?

Es ist kein Verwirklichungsprozess; es ist der Prozess, ein besserer Mensch zu werden. Erwachen kommt von selbst und hat nichts damit zu tun. Das Erscheinen einer Verbesserung geschieht ebenfalls, hat aber mit Verwirklichung nichts zu tun.

Man wird also nach der Verwirklichung ein besserer Mensch?

Nein, nicht danach. Nach der Verwirklichung ist niemand mehr da, ein besserer Mensch zu werden. Das geschieht vorher. Andererseits hat es Diebe und Mörder gegeben, die plötzlich, aus dem einen oder anderen Grund selbst-verwirklicht wurden. Es hängt von der Person ab. Noch einmal, entweder du bist wach oder du schläfst. Es gibt kein Dazwischen. Sobald du aufwachst, erkennst du, dass du immer wach warst. Es gab nie eine Zeit, in der du es nicht warst. Vor diesem Erwachen musst du allerdings manchmal alle möglichen Erfahrungen und Übungen durchmachen. Es hängt von der Reife der Person ab.

Was ist, wenn die Person unreif ist und Verwirklichung des Selbst erfährt? Ist dann die Unreife durch die Verwirklichung geheilt?

Wenn eine Person aufwacht, gibt es keine Frage der Unreife. Es gibt niemanden mehr, der reif oder unreif ist. Du bist einfach wach. Alles worüber wir sprechen, findet vor dem Erwachen statt.

Was ist mit den Sündern, die aufwachen? Was passiert mit all dem Karma, das sie angesammelt haben?

Es ist vollkommen verbrannt. Es hat nie existiert.

Kannst du hier herüber kommen und mich aufwecken?

Soweit es mich betrifft, bist du bereits erwacht. Du musst in der Lage sein, es selbst zu sehen.

Kann jemand einen anderen durch Berührung erwecken?

Es ist sehr selten, aber es ist möglich. Normalerweise geschieht das einer Person, die viele Leben lang auf dem spirituellen Weg war. Dann geht sie, nur durch eine Berührung oder einen Blick, den ganzen Weg und bricht durch das Maya und wird frei. Wenn du fragst, ob ich das tun kann – es ist kein Ich übrig, irgendetwas zu tun. Wenn ich das tun wollte, dann gäbe es ein Ich und ein Du, aber es gibt kein Ich und kein Du. Es gibt nur allerhöchste Einheit. Es gibt ein Selbst. Es gibt niemanden, der irgendetwas für irgendjemanden tun kann. Das Handeln ist Teil des Traums. Nach dem Aufwachen gibt es das Eine. Es gibt keinen Handelnden. Yogis tun Dinge wie Berühren, aber Jnanis nicht. Viele erwachte Leute um Ramana Maharshi behaupteten, es verursachte einen Aufwachprozess, wenn er sie ansah oder versehentlich berührte. Er lehnte alles ab. Es hängt von der Reife des Individuums ab. Alles ist möglich.

Warum wird Freiheit so sehr hervorgehoben?

Wir sind nicht. „Freiheit" ist nur ein Wort, um zu erklären, dass du nicht das bist, was du zu sein scheinst. Du bist an nichts gebunden. Es gibt keine Bindung, es gibt keine Begrenzung. Du bist nicht an die Erde oder deinen Körper gebunden.

Du annulierst alles was ist, und was ist, kann schön sein.

Alles was in dieser Welt schön ist, ist vorübergehend.

Was ist falsch daran?

Falsch ist, dass du den sterblichen Traum lebst. Was vorübergehend ist, muss zu Ende gehen. Dann wirst du die andere Seite erfahren – Unglück und Sorgen. Du erfährst alles als sterbliches Wesen. Aber wer will durchs Leben gehen und gut und schlecht, hoch und tief erfahren? Dann stirbst du und wiederholst alles immer wieder. Du willst von dem Rad herunter und immerwährende Freude, Reines Gewahrsein werden. Du willst über Erscheinungen hinausgehen.

Erinnere dich, es ist dein sterbliches Selbst, welches Gutes und Schlechtes in der Welt sieht. Sicher willst du darüber hinausgehen in die Ewigkeit. Wenn du das nicht willst, dann bleibe wo du bist. Darum sage ich, jeder ist am richtigen Platz. Es gibt keine Fehler.

Lerne, dein Leben einfach zu halten. Fahre dich in dieser Welt der Wirkungen nicht fest. Je einfacher dein Leben ist, desto besser. Übe liebevolle Freundlichkeit, bezeuge allen Frieden. Lasse dich nicht von Fernsehen oder Zeitungen beeinflussen. Sei du selbst. Gestalte dein Leben einfach und friedvoll. Höre nicht auf Gerüchte. Verwickle dich nicht in tiefgründige Philosophien. Sei sanft, bescheiden und stark. Die Welt mag manchmal hart erscheinen, aber lasse dich nicht von ihr zum Narren halten. Sie hat überhaupt keine Macht über dich. Der Grund, weshalb es manchmal hart erscheint, ist der, dass du zulässt, dass es manchmal hart ist. Es ist einfach so wie du es siehst, wie du es wahrnimmst. Alles ist Wahrnehmung. Schau die Welt einfach an und lache, und es wird weggehen. Erinnere dich immer, du bist Göttlich beschützt, Göttlich geführt, zu deinem höchsten Besten. Du musst nicht kämpfen, keine Angst haben. ALLES IST GUT.

Stille des Herzens

Alles, wovon du dir vorstellen kannst, dass du es sein möchtest,
das bist du bereits.

Du bist das Unvergängliche Selbst, das immer war
und das du immer sein wirst.
Jenseits von Geburt, jenseits von Tod, jenseits von Erfahrungen,
jenseits von Zweifeln, jenseits von Meinungen.
Jenseits von was es auch immer sei, wodurch dein Körper geht,
was auch immer für Gedanken dein Verstand denkt.

Du bist jenseits davon.
Du bist die Stille.
Die Stille des Herzens.

Du bist die Stille, die Stille des Herzens

Frage dich immer: Warum bin ich hier? Es ist immer gut, dich das zu fragen. Ich meine damit nicht, warum du im Universum bist. Warum bist du hier in diesem Raum, in dieser Klasse, im Satsang? Was willst du? Wonach suchst du?

Erinnere dich: Wenn du nach irgendetwas suchst, bist du aus dem falschen Grund hier. Denn ich kann dir nichts geben, was du nicht schon hast. Es gibt wirklich nichts, was ich für dich tun kann. Denn ich bin nicht der Handelnde.

Auch du nicht. Du bist bereits erfüllt. Alles was ich habe, ist dein. Es gibt keinen Mangel in dir. Du bist Geist. Du bist nicht der Körper, der ein Körper zu sein scheint. Du bist Geist. Etwas absolut anderes, als du dir vorstellen kannst.

Alles was du dir vorstellen kannst, was du sein möchtest, BIST DU SCHON. Du bist das unvergängliche Selbst, das immer war, das immer sein wird. Jenseits von Geburt, jenseits von Tod, jenseits von Erfahrungen, jenseits von Zweifeln, jenseits von Meinungen. Jenseits von allem, durch das dein Körper geht. Welche Gedanken dein Verstand auch denken mag, du bist jenseits davon. Du bist die Stille, die Stille des Herzens.

Kenne dich selbst. Wann immer du an dich selbst denkst, denke an dich als das Selbst. Nicht der Ich-Gedanke, nicht das persönliche Selbst, sondern die Höchste Energie, Sat-Chit-Ananda, Nirvana. Du bist Das.

Wenn du wirklich glauben würdest, dass du Das bist, dann wärest du in totalem Frieden. Es gäbe nichts in der Welt, was dich jemals stören könnte. Du hättest keine Zweifel. Du empfändest ungetrübtes Glück, totale Freude. Es würde keinen Unterschied machen, durch was dein Körper geht oder welche Gedanken in deinen Verstand kommen. Oder was Leute tun oder nicht tun, wer richtig und wer falsch ist, wer erleuchtet ist und wer nicht. Du würdest nie an solche Dinge denken.

Wenn du meinst menschlich zu sein, dann musst du mit Dualität fertig werden, mit richtig und falsch, gesund oder krank, reich oder arm, glücklich oder traurig und dem ganzen Rest. Aber wenn du über all das hinausgegangen bist, dann siehst du dich selbst in einem vollkommen anderen Licht. Du siehst dich selbst als das Licht, jenes Licht, das in der Dunkelheit scheint. Als jene ewige Glut, die nie nachlassen kann. Allgegenwärtigkeit, Allumfassend.

Du bist das Eine. Du bist immer das Eine gewesen. Du bist nicht das, wofür du dich hältst, wenn du traurig bist, wenn du wütend bist, wenn du verletzt bist. Das ist eine Lüge. Etwas ist in dir, das die Wahrheit kennt. Das ist die Wahrheit. Du bist Das.

Letzten Donnerstag habe ich euch erzählt, dass ich mir wünschte, ich könnte die Dinge, die ich fühle, mit euch teilen. Aber sie waren unaussprechlich. Es gibt keine Worte, sie zu beschreiben. Es gibt keine Sprache, die die Realitäten beschreiben kann, das Reine Gewahrsein. Keine Worte.

Von einigen unter euch erhielt ich Telefonanrufe. Und sie sagten: „Robert, du kannst mir sagen, was du fühlst“ (Gelächter). „Du kannst es mit mir teilen.“ Einige Leuten baten mich darum. Ich versuchte ihnen zu erklären, dass ich es tun würde, wenn ich fähig wäre, es in Worten auszudrücken. Aber das ist nicht wichtig.

Für dich ist wichtig: Wie fühlst du dich? Kümmere dich nicht darum, was in mir vor sich geht. Wenn du verstehst, wer du bist, dann verstehst du, was in mir geschieht. Verbringe deine Zeit nicht damit, zu versuchen herauszufinden, was Lehrer fühlen oder wo sie herkommen. Versuche lieber herauszufinden, wo du herkommst und wer es ist, der denkt. Wer ist es, der denkt, er habe ein Problem, das er nicht lösen kann? Wer ist es, der glaubt, erleuchtet werden zu wollen? Finde es heraus.

Verstehe die Wahrheit über dich selbst. Gehe tiefer in dich hinein. Höre auf, über die Welt und deine Probleme oder was immer in deinem Leben vor sich geht, nachzudenken. Das wird sich von selber lösen, wenn du beginnst zu verstehen, dass du Reine Intelligenz bist.

Dein so genanntes persönliches Leben wird sich immer selbst lösen, wird sich immer um sich selbst kümmern. Die Kraft ist in dir. Es gibt keinen Mangel. Vergleiche dich nie mit irgendjemand anderem. Schau dich selber mit deinem inneren Auge an.

DAS SELBST, DAS ICH LIEBE, BIST DU

Einige Leute fragen mich noch immer: „Wenn du sagst, du fühlst Liebe, was meinst du dann?“ Die Liebe, die ich fühle, ist absolut bedingungslos. Das ist der Grund, weshalb ich euch lieben kann, egal was ihr tut. Egal wie ihr handelt, egal wo ihr herkommt, egal was vor sich geht. Ich kann euch lieben, weil ich mich selbst liebe. Und es gibt nur ein Selbst. Das Selbst, das ich liebe, bist also du. Es ist nicht getrennt.

Wenn ich dich als separates Wesen lieben würde, dann hätte ich ein Problem. Denn die Getrenntheit würde mir unterschiedliche Phasen deines Lebens aufzeigen. Aber das kann ich nicht. Ich kann nur lieben. Denn das Selbst ist Liebe. Es ist keine persönliche Liebe. Es ist Allumfassend. So wie ich eine Verkörperung von Liebe bin, bist du auch in dieser Liebe. Es gibt nur eine Liebe, und diese Liebe ist Bewusstsein und du bist Das.

Die Leute fragen mich, wenn ich Frieden sehe, was ich dann meine? Ich brauche Frieden nicht zu sehen. Ich fühle und sehe Frieden in jeder Situation. Was immer vor sich zu gehen scheint, das ist Friede. Genauso wie im Zentrum eines Wirbelsturms ein friedlicher Kreis ist, eine totale Stille im Zentrum des Wirbelsturms. Das Gleiche gilt im Zentrum eines Tornados. Da ist ein friedliches Zentrum. Wir alle sind dieses Zentrum. Der wahre Friede bist du.

Alles was erscheint, ist eine Vorstellung. Ein Bild, das auf der Realität des Lebens erscheint. Es gibt Wirklichkeit, Bewusstsein. Und all die Wechselfälle der Welt, die sich ständig abspielen, sind auf dieses Bewusstsein wie auf eine Tafel gelegt.

Bilder werden auf die Tafel gemalt. Doch sie beeinflussen nie die Tafel. Sie werden ausgewischt. Neue Bilder werden gemalt. Auch die neuen Bilder beeinflussen die Tafel nie. Nichts beeinflusst die Tafel. Die Tafel bleibt dieselbe, ob du dich entscheidest, ein Feuer, einen Wirbelsturm, einen Mord, Hungersnot, Tod oder was auch immer zu malen. Ganzheit, Gesundheit, Friede, Geburt, alles – sie sind alle Betrüger. Die Tafel verändert sich nie.

Denke immer an dich selbst als eine Tafel. Und versuche all die Dinge, die in der Welt vor sich gehen, als Bilder auf der Tafel zu sehen, die sich ändern. Sich ständig ändern. Das wird dir helfen. Es wird dir helfen zu verstehen, dass du nicht die Konditionierung bist, die in deinem Verstand vor sich geht. Du bist nicht das, was dir deine Augen in dieser Welt zeigen. Du bist nicht die Gefühle, die du fühlst. Du bist nicht die Töne, die du hörst, die Dinge, die du schmeckst. Dies alles sind Bilder.

Du bist totaler absoluter Friede. Totale Harmonie und Freude. Das ist deine wahre Natur. Verweile in dieser Wahrheit und werde frei.

Was ist Liebe?

Liebe, Glück, Friede, Freude – sie alle sind deine wahre Natur. Es ist Gefühl jenseits von Gefühlen. Es ist ein totales, unaussprechliches Etwas, das du bist und das dich wissen macht, dass du eins mit allem bist. Jeder ist dein Bruder und deine Schwester, eingeschlossen alle Blumen, Bäume, Bettflöhe, Kakerlaken, Berge, Himmel, die Kranken, die Gesunden, die Armen, die Reichen.

Wenn du alles mit denselben Augen anschaust und nicht unterscheidest, dann bist du in Liebe. Aber wenn du jemand Speziellen herausnimmst und denkst, du seist mit ihm total in Liebe, weil er oder sie die richtigen Charakterzüge hat, die richtige Figur, die richtigen Vorteile, die du magst, dann ist das Verblendung. Das hält nur einen Tag an, bis du bekommst, was du willst. Aber wahre Liebe verändert sich nie. Sie geht nicht weg, weil sie nie von irgendwoher kam. Sie ist einfach etwas, das ist. Und du bist Das.

Erinnere dich

Alles entfaltet sich wie es soll.
Sei ehrlich mit dir selbst, und die richtigen Dinge werden
in deinem Leben geschehen.
Danke für dein Kommen.
Ich liebe dich.

Erinnere dich daran,
Dich selbst zu lieben.
Dich selbst zu verehren.
Zu dir selbst zu beten.
Dich vor dir selbst zu verbeugen.
Denn Gott lebt in dir als du.

Om, Shanti, Shanti, Shanti, Friede.

Glossar

Advaita Vedanta
Unterkategorie des Vedanta, der Weg der Nicht-Dualität

Ahimsa
(nicht schadend) Enthaltung von schädigenden Handlungen, Gedanken und Worten. Wichtige moralische Disziplin (Yama) im Yoga, Buddhismus und Jainismus.

Ajnani
Einer, der das Selbst nicht erkannt hat.

Ananda
(Glückseligkeit) Über den Verstand hinausgehende Glückseligkeit der grundlegenden Realität oder des Selbst im Vedanta. Dies ist keine Qualität, sondern die wahre Essenz der Wirklichkeit.

Arunachala
Der heilige Berg in Indien, wo Ramana die meiste Zeit seines Lebens verbrachte.

Atman
(Selbst) Das transzendentale Selbst gemäß der nicht-dualen (Vedanta) Schule, welches identisch ist mit Brahman.

Avatar
(Abstieg) Inkarnation des Göttlichen, wie Krishna und Rama.

Bhagavad-Gita
(Gottes Lied) Früheste und berühmteste Yoga-Schrift über die Lehren des Gottes Krishna an Arjuna.

Bhakta
Anhänger des Bhakti-Yoga.

Bhakti
(Liebe, Hingabe) Spirituelles Empfinden von liebevoller Teilnahme am Göttlichen.

Bodhisattva
(Erleuchtetes Wesen) Spirituell Praktizierender im Mahayana Buddhismus, der gelobt hat, sich für die Befreiung aller Wesen einzusetzen und dafür seine eigene endgültige Verwirklichung zurückzustellen.

Brahman
Das unpersönliche Absolute gemäß dem Vedanta, der transzendentale Grund der Welt.

Buddha
(Erwachter) Name des Gautama, Begründer des Buddhismus.

Chit
(Bewusstsein) Reines Gewahrsein oder transzendentale Bewusstheit jenseits aller Gedanken, der ewige Zeuge.

Dharma
Das kosmische Ordnungs-Gesetz. Lehrgrundsatz.

Guru
Spiritueller Lehrer

Ishvara
(Herrscher) Persönlicher Gott

Japa
(Vortrag) Meditatives Hersagen von Mantren.

Jnana
Kenntnis des Selbst.

Jnani
Einer, der das Selbst erkannt hat.

Karma

(Handlung) Handeln des unerwachten Individuums, welches das Gesetz von Ursache und Wirkung aktiviert.

Krishna

Inkarnation des Vishnu.

Kundalini

(Schlangenkraft) Kraft, die im tiefsten psychischen Zentrum des menschlichen Körpers verborgen liegt. Das Aufsteigen der Kundalini zum höchsten psychischen Zentrum erzeugt einen vorübergehenden Zustand ekstatischer Identifikation mit dem Selbst (im Nirvikalpa Samadhi).

Leela

Göttliches Spiel

Linga

(Zeichen) Der Phallus als Symbol für Kreativität, besonders in Verbindung mit Gott Shiva.

Mahatma

Große Seele, großer Mann oder Heiliger

Mantra

Ton, der den Verstand zur Konzentration bringt, und zur Überwindung gewöhnlicher Bewusstseinszustände. Normalerweise werden die heiligen Worte vom Guru an den Schüler gegeben.

Maya

Illusion

Moksha

(Befreiung) Höchstes menschliches Streben: Befreiung. Synonym mit Selbst-Verwirklichung.

Nirvana

(Auslöschen) Das Überwinden des Ego, ein von Raum und Zeit unberührter Zustand. Nirvikalpa-Samadhi – (Ekstase jenseits von Konzepten) Samadhi ohne Wahrnehmung von Unterschieden, charakterisiert durch fehlendes Körperbewusstsein. Obwohl zeitweise Gewahrsein des Selbst in diesem Zustand vorhanden ist, gibt es keine sinnliche Wahrnehmung von Informationen und kein Funktionieren in der Welt. Wenn das Körperbewusstsein zurückkehrt, erscheint auch das Ego wieder, es ist noch nicht völlig ausgelöscht.

Om

Schlüssel-Mantra des Hinduismus, Symbol für das Absolute.

Parabrahman

Höchstes Brahman

Pranayama

(Atemkontrolle) Vorsichtige Regulierung des Atems. Wichtigste Übung des Hatha-Yoga.

Puja

(Gebet) Rituelle Verehrung des Lehrers als Verkörperung des Göttlichen.

Rama

Wichtigster Held des Ramayama, als Inkarnation des Gottes Vishnu verehrt.

Rishi

Eine Art Vedischer Seher, der die Hymnen des Veda sieht.

Sadhana

(Erkennen) Spirituelle Übung zur Selbst-Verwirklichung.

Sadhu

Würdevolle Person oder spiritueller Sucher. Sri Ramana benutzte diese Bezeichnung gelegentlich für jemanden, der das Selbst erkannt hat.

Sahaja-Samadhi

(Natürliche Ekstase) Ekstase ohne Anstrengung. Zustand des Jnani, der endgültig und unwiderruflich sein Ego zerstört hat. Ein Jnani in diesem Zustand funktioniert ganz natürlich in dieser Welt. Wissend, dass er das Selbst ist, sieht er keinen Unterschied zwischen sich und den anderen. Für den Jnani ist alles eine Manifestation des unteilbaren Selbst.

Samskara

(Aktivierendes) Angeborene Tendenzen

Sat-Chit-Ananda

Sein-Bewusstsein-Glückseligkeit

Satsang

(Beziehung zur Wahrheit) Spirituelle Praxis, Zusammenkunft in der Gegenwart von einem, der das Selbst verwirklicht hat. Verbindung mit dem Sein.

Savikalpa-Samadhi

(Ekstase mit form-ideation) In diesem Zustand wird Bewusstsein des Selbst durch dauernde Anstrengung aufrecht erhalten. Die Beständigkeit des Samadhi ist abhängig vom Bemühen. Wenn Selbst-Gewahrsamkeit nachlässt, wird Selbst-Bewusstsein durch Gedanken und Vorstellungen überlagert.

Shanti

(Friede) Größtmöglicher Friede. Ähnliche Qualität wie Selbst-Verwirklichung.

Siddhi
(Fähigkeiten) Übernatürliche Kraft als Ergebnis sprirituelle Übungen.

Swarupa
Wirkliche Form oder wirkliche Natur.

Tiruvannamalai
Stadt ungefähr eine Meile von Sri Ramanas Ashram entfernt.

Turiya
Der Vierte Bewusstseinszustand.

Vedanta
(Veda's End) Vorherrschende Hindutradition, die lehrt, dass Wirklichkeit einzig und das Eine ist (Nicht-Dualität).

Vedas
Vier Zusammenstellungen von Schriften der Zeit von 2000 bis 500 vor Christus, die die höchste Autoritätsquelle der meisten Hindus ist.

Vichara
Selbst-Befragung

Vishnu
Eine der drei Hauptgottheiten des Hinduismus. Inkarniert sich regelmäßig im menschlichen Körper.

Yoga
(Vereinigung) Allgemeine spirituelle Praxis.